欧洲

薛平 编著

穷游也行

那一抹碧蓝，晕染了整片灰暗

那一朵白云，点缀了整片天空

那一抹阳光，照亮了整个心房

我知道，我最美的余生在路上

中国铁道出版社
CHINA RAILWAY PUBLISHING HOUSE

1

年轻的时候

旅行的意义

我们向往流浪，以为到一个地方漂泊便是

年壮的时候

我们追求奢华，总想美景美食，
却总是匆匆而过

③

年老的时候

我们忠于内心，慢慢体味旅途，做个周游世界的「闲人」

在路上，
你就永远年轻

宋立伟

独自穿越亚欧大陆的骑行侠

2014 年 6 月 18 日，薛平阿姨从福州出发游览欧洲 15 国，那一天，我离开那令我爱恨交织的哈萨克斯坦，进入俄罗斯。相同的始发地，不同的旅行方式，我们都在朝着同一个目标前进，只不过她的身份是背包客，而我是一个骑行者。

第一次听说薛平阿姨的事迹是某天无意中在手机里看到的腾讯新闻，而正式认识则是在我骑行结束后的分享会上。那天的场面颇有些混乱，经友人介绍后我们简短寒暄了几句，当时这位身着格子衬衫，梳着齐耳短发，极具亲和力的中年女性给我留下了深刻印象。

为了能顺利骑行到欧洲，我在出发前做了十分详细的计划，该准备几条单车内胎或几盒治疗腹泻的药都要细细斟酌，唯恐因某个小失误而导致计划全盘失败。

而薛平阿姨在出发前，花了整整 4 个月的时间设计路线，预订好全程 16 趟航班、45 趟火车、8 趟轮船以及 50 多家旅馆，行程安排精确到了小时。

要想在有限的条件下完成一次艰难或复杂的旅行，的确不能说走就走。

记得我在兰州曾遇到一位 71 岁的法国骑友皮尔，当时他正孤身一人从西安骑行前往喀什，我们后来又在途中几度相遇，最终结为好友。

薛平阿姨和皮尔，一个穷游欧洲，一个骑行中国，他们都已退休，但活得似乎比大多数年轻人都还要精彩。

我曾经对我未来的人生感到惶恐，也时常担心自己因年龄渐长将陷入无趣，但是从他们身上我看到了内心所向往的状态。

永远年轻，永远热泪盈眶，说的好像就是这种感觉。

穷游欧洲
你也行

"夕阳无限好，只是近黄昏"，这两句流传了千百年的诗句总令人心怀感伤。尤其到了迟暮之年，这种感伤日渐漫上心头。然而随着时代的发展，随着旅游一词的推广，旅行的对象也日渐扩大，引起越来越多老年人的热衷。

岁月的脚步我们无法阻挡，身体的老去我们无法抑制。但我们可以选择保持一颗年轻的心，我们可以选择像年轻人一样去旅行，去走得更远，去看得更多。旅途中的所见所闻给予我们快乐，旅途中的所感所悟给予我们正能量。

最好的夕阳不是等待，而是寻找；最快乐的退休生活，不是照顾圈养在花盆里的花花草草，而是寻找大自然天然的风景。所谓烈士暮年壮心不已，我们也应当有这样的壮心和勇气，扬帆起航，开启退休之后的新人生。于是，就有了我这次 56天 15 国的穷游欧洲体验。

如果晚年我不选择出去走走，我想我大概就一直呆在福州这座城市不动了。退休生活的闲适给自己腾出了太多的时间和空间。穷游上路需要勇气，也需要详细的前期准备，虽然比较繁琐，但一旦上了路，我发现一切都是值得的。

出国旅行的省钱诀窍，旅途中发生的有趣故事，中国人眼中的欧洲文化，欧洲街头的不一样风情都在这本书中有所体现。或许你是同道中人，或许你也正蠢蠢欲试。不管怎样，决定好了就上路，我们的退休生活当然也会很精彩。希望你们喜欢这本书。

目录 Contents

在
路
上

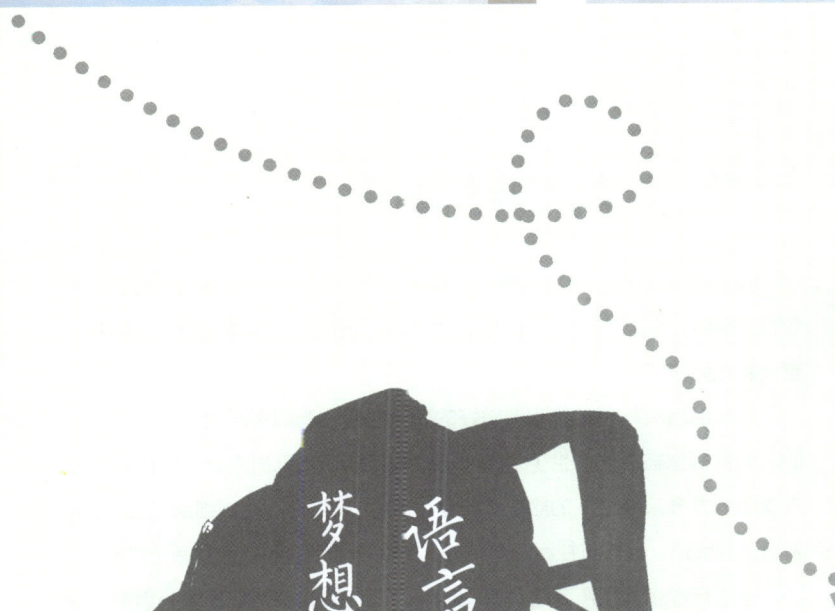

梦想
语言
航空
锻炼
路
书证
装备
签
欧铁
住宿

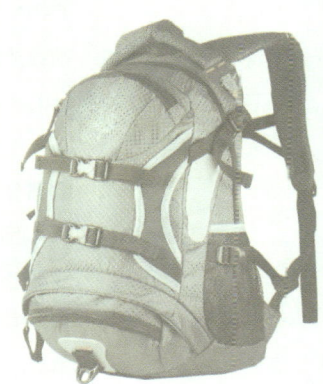

出
发
前

梦想

发现最美的欧罗巴

2010 年 6 月份，我报名参加了欧洲 10 国 14 天游的旅行团，游览国家包含：德国、法国、荷兰、比利时、卢森堡、瑞士、列支敦士登、奥地利、意大利和梵蒂冈。

自从那趟旅行归来，欧洲美好的风光时常在脑海里回忆。退休后，我的时间变得宽裕，就萌生了"如果不跟旅行团，自己出去走走就能在自己喜欢的地方多呆呆了"的想法。于是，2011 年我尝试性地组织了 20 名好友自己做线路，让旅行社派导游带队，前往澳大利亚和新西兰两个星期。

这趟行程基本按照我的喜好编制，全程下来，游伴们都十分满意，没有慌忙地赶路，每个景点都能够玩得尽兴。接着 2012 年、2013 年我先后前往英国、美国、加拿大自由行，每年出国游玩都为我积累了许多只身在外的经验。

由于欧洲具有很深厚的文化底蕴，各色博物馆、城堡、教堂数不胜数；欧洲有近 50 个国家和地区，自然景色各异：北欧有高原、丘陵、湖泊、冰川，西欧多平原和高原，中欧南部被山脉盘踞，而北部为平原。2010 年的欧洲游基本是西欧国家，是不是应该再到欧洲的其他国家去多走走多看看呢？于是 2014 年初，我决定再去欧洲，去看看那些没去过的国家和城市，用充裕的时间去探寻最美的欧洲。

欧洲亮点

希腊　爱琴海、帕特农神庙、奥运会发源地……

西班牙　圣家族教堂、西班牙足球、毕加索故里……

瑞士　阿尔卑斯山滑雪、日内瓦湖、伯尔尼古城……

德国　科隆大教堂、柏林墙遗址、慕尼黑啤酒节……

法国　巴黎、埃菲尔铁塔、波尔多葡萄酒、法式大餐……

意大利　罗马、佛罗伦萨、威尼斯水城、米兰大教堂……

俄罗斯　莫斯科红场、克里姆林宫、圣彼得堡……

北欧五国　极光现象、冰雪风情、童话世界……

语言

不用学，只为好玩

很多人都讶异于我到了国外如何与外国人交流？如何入住酒店？如何在餐厅点菜？如何前往要去的景点？而且欧洲国家有5种语系，如果到了不说英语的国家怎么办？

其实在前几年出国游玩的时候，我已经逐渐感受到是否能和当地人流利地对话对完成所有行程并不是影响很大。有时只要几个单词或者肢体语言，欧洲人几乎是很热情地给予帮助。在值机的时候，我希望航空公司小姐安排一个前排舒适的位子，所以说："Please give me a front seat, thank you."不管语法，尽量把我想表达的告诉对方。当我希望坐在飞机靠窗的位子，我就说"by window"，虽然有些不正确，但是上机的时候，她们真的给我安排了个靠窗能看风景的位置，让人非常感动。

虽然平时我也参加了老年大学的英语口语班，但年龄大了，并不能每个学过的单词都记得。到了要用的时候，靠记忆把最熟悉的词蹦出几个来，每次都能解决问题，这让我信心大增。虽然外国人经常跟我说一串串的外语，大部分一知半解，但听得多了，鸡同鸭讲也挺有趣，慢慢语感也就来了。

在临行前加强一些常用词的印象：Hello, Hi, Excuse me, Thank you, sorry, Check in/out, Map, Subway, Market, Toilet 等。虽然看起来很简单，但是都会常挂在嘴边。

所以语言真的不是死记硬背学来的，多玩玩多聊聊，三脚猫的英语也让我走了这么多国家。不被语言打倒也让我领略了远远近近的美丽风景。

有人一定要问，要问路但又不知道怎么用英语读出目的地怎么办？他们国家很少人使用英语怎么办？这就要考验你的观察能力了。会一点英语的话，再加上肢体语言，对方也能大致明白，而且他也会用同样的方式告诉你。

当然，最好能求助于穿戴整齐、文雅的年轻人，首先他要懂英语，才能提供帮助。问复杂一些的关于路线的问题又要怎么办呢？我会把酒店的订单中主要位置的截图，例如从机场到重要火车站后去酒店的线路、港口到酒店或地铁出口到酒店的截图保存在iPad或手机上，展示给对方。这样就能打破语言障碍，得到帮助。

情景一（问路）

1. 想云美人鱼雕塑

2. 展示 iPad 上的图

3. 结合手势询问对方

4. 对方明白指明方向

情景二（买药）

1. 感到肚子不舒服

2. 解释吃坏肚子

3. 告知肚子有些痛

4. 店员明白自己来意

旅途实用英文句型

I want... （我想……）

I need... （我需要……）

I will... （我将要……）

Please don't... （请不要……）

Could you help me... （你能帮我……吗？）

Can you tell me... （你能告诉我……吗？）

锻炼

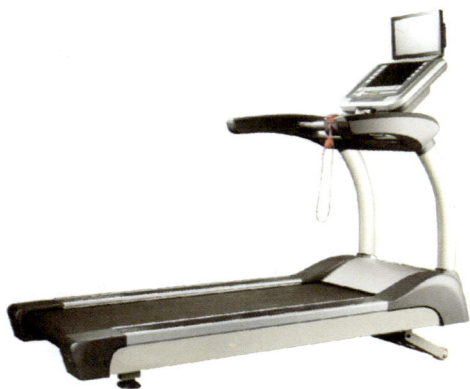

体质好是远行的前提

　　读万卷书，行万里路，身体棒才是出行的本钱。从 2006 年起，我就在健身房开始锻炼了。健身房里的每个项目都有针对性，比如跑步机能提高心肺功能，登山机能锻炼耐力，练杠铃操能使得背包时更有力，瑜伽能让人身体不僵硬。

　　其实有很多跟我年龄相仿的人都在健身房锻炼，在那里还能认识许多有着相同兴趣爱好的朋友，也为我的退休生活增添了许多乐趣。每天都尽量安排时间去健身房走走，有时自己在健身器材上练练，有时跟着操房里的教练做瑜伽跳舞，坚持了这么多年身体也强健了不少。

很多人都觉得自己没有体力或者没有能力去完成那些练习，我不这么认为。只要尽力加坚持，当然也要量力而行注意姿势正确，一定会让自己的身体发生改变，这样在外出旅行时耐受性就强，也能走得更多更远。

　　这次的欧洲之行也证明了，只有身体棒，才能走得更远。没有良好的体质，怎么能背着背包走出国门？怎么能看到迷人的欧洲建筑，体味独特的外国风情？

　　出发前的锻炼是为旅行奠定基础，而旅行则是对体质的另一种强化。虽然我也逐步迈入老年了，但是经过了这次长途跋涉的旅行之后，我的体质比旅行前反而更好了，这让我更有了资本走更远的路，去看更多的风景了。

签 证

不是每次都要面签

如今已经有越来越多的人向往出国自由行，签证则是成行的首道关卡。东南亚的网络上代签确实非常便利，但是欧洲签证总是让人感觉非常复杂，甚至通过中介也可能被拒签。所以前往欧洲的签证总是蒙着神秘的面纱，"申根"签证有那么难吗？

首先要了解什么是申根签证。申根（Schengen）是卢森堡东南部一个人口不足 450 人的宁静小城。1985 年，德国、法国、比利时、荷兰、卢森堡五国在这里共同签署了《关于逐步取消边界检查的条约》。加入这一条约的国家简称为"申根国家"，申根国家的签证就是申根签证。

了解了申根签证之后就是有关签证材料的准备了，下面拿德国签证为例来说。我上网找到德国使领馆可以不用面签，恰好德国又是本人特别喜欢的国家，在这段行程中安排的时间最多，所以我选择德国作为这次申根签证的国家。

在百度上找到了德国驻中国使领馆的官网，在上面了解了签证流程，发现德国使领馆是通过中智公司（TLScontact）代递签证申请材料，并收取 25 欧元的服务费，这样就可以免去面签的劳累和旅途费用。如果能直接到使领馆签证处递交签证申请，就可以不需要通过中智公司了。

确认了代递公司的可靠性，并确认选择递签的品种"旅游签证 /ADS 团体旅游签证"后就按照使领馆官网上的要求准备材料，包括：亲笔签名的护照及照片页的复印件、

通过签证申请受理中心递签

中智签证
TLScontact

(© 中智签证)

您可以向我们的服务商中智签证公司的签证申请受理中心递交您的申根签证申请。

向签证申请受理中心递签的好处：

- 可委托全权代表或通过邮寄方式递签
- 预约后可获得2个工作日内的递签时间
- 获得根据您的旅行目的生成的个性化材料清单
- 直接将护照寄到您的住址
- 申请受理情况可随时在线查询
- 为您节约旅费和时间

详情可参看中智签证公司的网页

❯❯ https://cn.t scontact.com/cn2de

1份完整填写并亲笔签名的申请表（可在官网上下载）、2张相同的近期护照照片、签证费、能覆盖整个申请逗留期的保险证明和复印件（保额不小于30万元人民币）、户口本原件及所有信息页各1份复印件（无需翻译）。

此外，还需整个行程的安排表，包含头尾出入申根国家的机票（或其他交通票）、全程住宿预订单（在飞机或其他交通工具上过夜的需说明）。签证费用是在寄送材料之前通过转账缴付给中智公司，费用共计765元人民币。整个签证时长约为两个星期，期间有可能接到使领馆签证工作人员打来的电话确认行程中的一些细节。

充分准备了此次行程，也让申根签证特别顺利。值得一提的是，要前往的国家无法确认是否为落地签或免签时，最好能查询该国驻华使领馆的联系电话，在他们接电话的时间段内致电咨询是最为稳妥的。

申根国家列表

北欧	冰岛（Iceland）、丹麦（Denmark）、挪威（Norway）、芬兰（Finland）、瑞典（Sweden）
西欧	荷兰（Netherlands）、比利时（Belgium）、卢森堡（Luxembourg）、法国（France）
中欧	德国（Germany）、波兰（Poland）、捷克（Czech）、斯洛伐克（Slovakia）、匈牙利（Hungary）、奥地利（Austria）、瑞士（Switzerland）、列士敦士登（Liechtenstein）
东欧	爱沙尼亚（Estonia）、拉脱维亚（Latvia）、立陶宛（Lithuania）
南欧	斯洛文尼亚（Slovenia）、希腊（Greece）、意大利（Italy）、马耳他（Malta）、西班牙（Spain）、葡萄牙（Portugal）

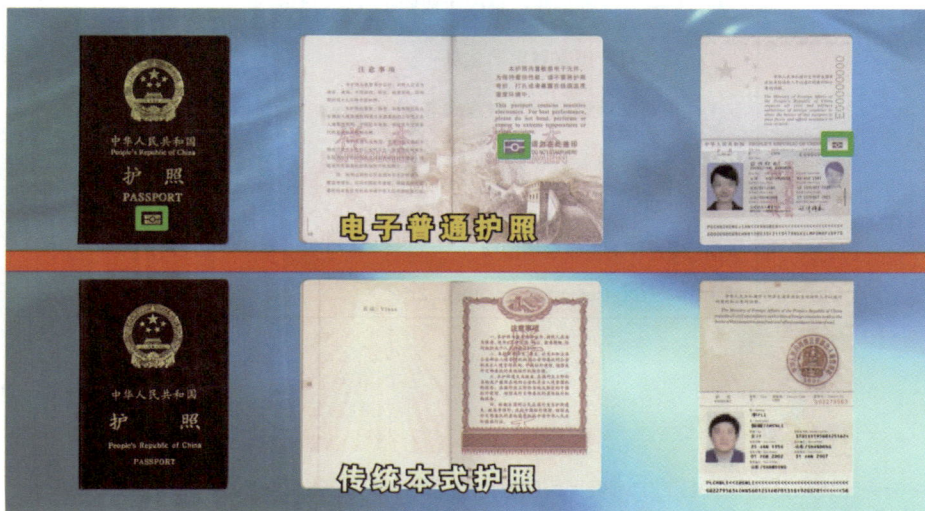

电子普通护照

传统本式护照

如何办理护照

1. 申办单位：户口所在地的出入境管理机关。

2. 所需材料：《中国公民因私出国（境）申请表》、本人身份证和户口簿及复印件、照片等。

3. 受理程序：取得《因私出境证件申请回执》——持回执和身份证拍摄护照专用照片。

4. 领取护照：凭回执按标明的取证日期领取护照。

5. 所需时间：14 个工作日，加急护照需 7 个工作日。

签证所需材料

1. 有效护照以及护照上所有非空白页的复印件

2. 身份证的原件及复印件

3. 签证申请表

4. 申请人雇主或工作单位必须提供下列证明：

  申请人的身份证和护照号码

  申请人的职业

  工作期间

  申请人的月工资

  保留其工作关系的证明

  近半年的存款证明原件或其他有效文件，比如信用
   卡、旅游支票等

  旅游期间的医疗保险证明

  旅游期间的酒店预订单

  旅游期间的行程安排

  在申根国家的交通工具预订证明

  往返的飞机票预订单

办理签证的方式

1. 申请人到领事馆办理

2. 旅行社代办理

3. 淘宝商家代办理

4. EMS 邮递寄签

面签小技巧

1. 要有良好的精神面貌，有自信心。

2. 要有礼貌，客气地回答面试官的问题。

3. 要表现出对目的地国家的爱慕之情。

4. 衣着不宜太正规，最好能迎合目的地国家的风情。

路书

先南后北，且行且凉快

欧洲是一个经济实力雄厚、风景优美的旅游胜地，气候终年温暖湿润，正是这个原因吸引了大量的游客前往旅游观光。6 月中下旬先到希腊、西班牙，此时平均温度都在 16℃～30℃；7 月上中旬葡萄牙、瑞士、德国 13℃～23℃；7 月中下旬捷克、波兰平均温度在 15℃～25℃；冰岛 7 月下旬 10℃～20℃；北欧其他地区 8 月上旬 16℃～23℃；俄罗斯 8 月中旬 13℃～22℃。这样安排行程，都是每个国家的黄金旅游期。

事实证明，当我到达每个国家时温度适宜，避开了酷暑、狂风暴雨、冰雹、火山喷发等，风和日丽，阳光灿烂，既方便出行又保持了好心情。

选择好最佳时节出行是很必要的：

a. 旅行中的大部分时间是在户外，穿行于国家、城市、景点之间，天气太热会消耗体力、口干舌燥，不断喝水就会不断找洗手间，又花时间又花钱。如果连续阴雨，天空灰蒙蒙、地上湿漉漉，为了赶景点身上衣服弄湿了也就没有好心情了。

b. 好的时节交通全线开通，可选择的交通工具也比较多，既省钱又省时间。例如从雅典去圣托里尼、挪威的峡湾，接驳的船运都是有月份限制的。

c. 最佳时节各地美食也特别多，到大超市购物可选择的食物品种也多，价格还便宜。

d. 此外在出行前先了解好目的地的气候特征，也有助于携带衣物的挑选，既能带上符合当地气候的衣服，也能减少相同功能衣服的重复，减轻行李重量，便于出行。

极地气候

全年皆冬，降水稀少，
烈风

温带大陆性气候

冬冷夏热，四季分明，
降水集中且较少

温带海洋性气候

全年温和常湿

地中海气候

夏季炎热干燥，冬季温
和多雨

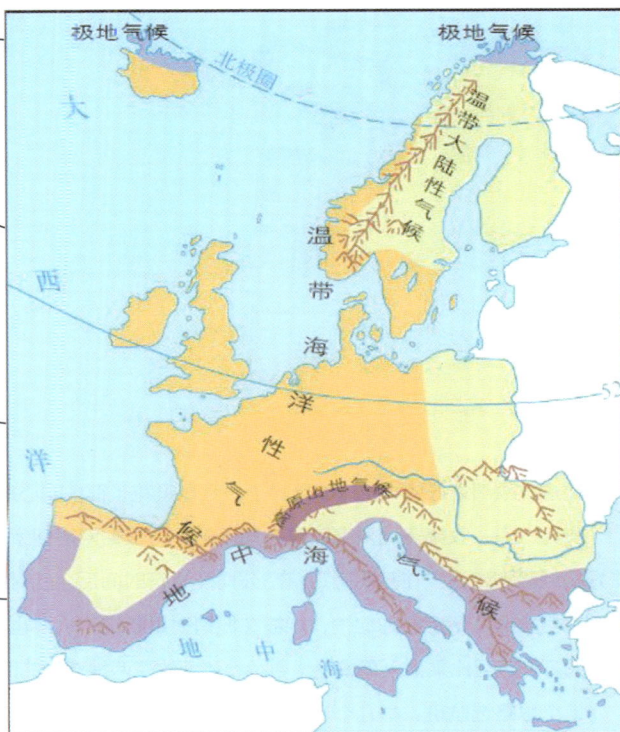

大
西
洋

极地气候   北极圈   极地气候

温带大陆性气候

温
带
海
洋
性
气
候

高原山地气候

地中海气候

地
中
海

欧洲四季美景

春季

去英国看古堡、去荷
兰观鲜花、去托斯卡
纳品葡萄酒……

夏季

去巴黎逛街、去希腊
看爱琴海、去普罗旺
斯花海畅游……

秋季

去阿尔卑斯山赏红叶、
去慕尼黑畅饮啤酒、
去维也纳听音乐……

冬季

去北欧看极光、去瑞
士滑雪泡温泉、在
欧洲过圣诞节……

1月	2月	3月	4月	5月	6月	7月	8月	9月	10月	11月	12月

欧洲旅行最佳时间：夏季6—9月（旅行旺季，消费较高）。

航空

廉航联程，常飞常便宜

在这次欧洲之行搭乘航班的选择上，我也是花了很多的心思。

货比三家：收集多地多家航空公司网站，再根据网络搜索引擎看看其他旅友平时都有哪些好的经验和建议。在基本确定航空公司及飞行时间后，就对票价进行一定的关注。因为廉价航空常常会有不定时的促销，能够在促销时果断定下机票也是省钱的一大窍门。有时乘坐航班的开销甚至比乘坐火车或轮船更少，还节约了两地穿梭的时间，何乐而不为。

换个思路选航班：举几个我在线路选择上节省开销的例子。前往希腊选择爱琴海航空，买从圣托里尼直接到西班牙巴塞罗那的机票，而不是选择走圣托里尼—雅典、雅典—巴塞罗那的路线，这样几乎要多付一倍的费用。从挪威奥斯陆飞冰岛、冰岛—挪威奥斯陆，买往返，再买奥斯陆—丹麦哥本哈根，这样买票比冰岛直飞哥本哈根飞行时长和到达的时间是一样的，费用却节省了三分之一。

廉价航空公司

1. 菲律宾宿务太平洋航空（www.cebupacific.cn）
2. 亚航（www.airasia.com）
3. 易捷航空（www.easyjet.com）
4. 爱琴海航空（www.aegeanair.com）

如何获取特价 / 免费机票信息

1. 订阅廉价航空公司的 newsletter。
2. 不时地浏览廉价航空的网站，关注机票信息。
3. 经常逛旅行论坛，关注论坛里的一些特价消息，比如穷游廉航版、背包客栈机票版、简单旅行博客等。

欧铁

最畅通的欧洲交通工具

在欧洲游玩，当地交通也是一笔不小的开销。我在德国使用的就是德铁通票，是欧铁通票中的一种。我买的是德铁一个月内使用 7 日的活期通票，就是在火车站盖章失效日起一个月内任意日搭乘火车共 7 日，使用火车通票不一定要连续。26 岁以下、60 岁以上的群体可享受半价的票价优惠，而且两人同乘比一人乘坐票价要更优惠，也特别鼓励青年人搭乘。

我的票是通过网络店家购买的，购票快服务好。其实有的时候借助专业的店家购买也是省心省力的一种做法，如果担心受骗可以多比较几家或者查看其他买家的评价。在欧洲旅行使用铁路通票，非常方便，旅行时间宽裕。有体力的话可以在每站驻足，体会每个城市带给你不一样的惊喜。

欧铁的种类表

中文	英文	特点	适合人群
全境通票	Eurail Global Pass	不受限制，覆盖面广	前往五个国家以上的游客
自选通票	Eurail Select Pass	可随意搭配国家	前往 3-5 个毗邻国家的游客
地区通票	Eurail Regional Pass	便利简洁	在相接壤的两个国家间旅行的游客
一国通票	Eurail One Country Pass	便宜快捷	对一个国家深度游览的游客

欧铁信息查询 / 预定网站

瑞士联邦铁路：**www.sbb.ch**

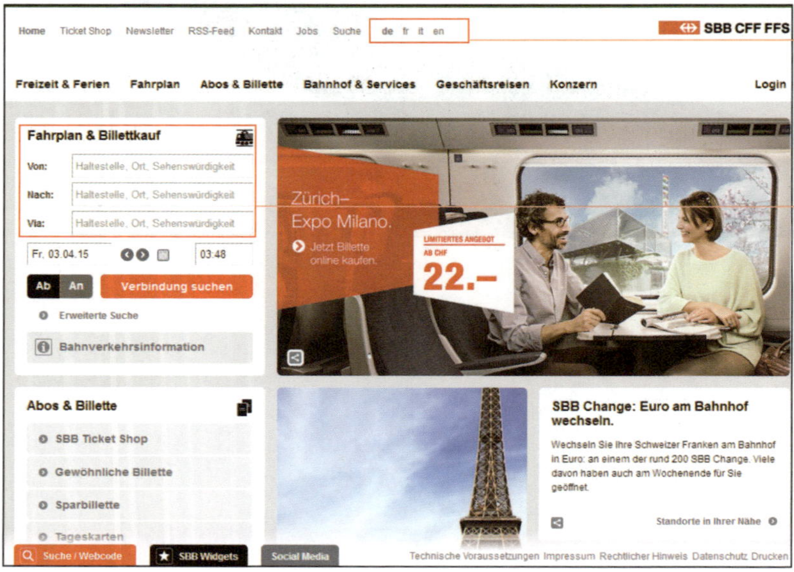

有德语、法语、意大利语和英文四个界面

注册和登录区域

欧洲铁路：**www.raileurope.com**

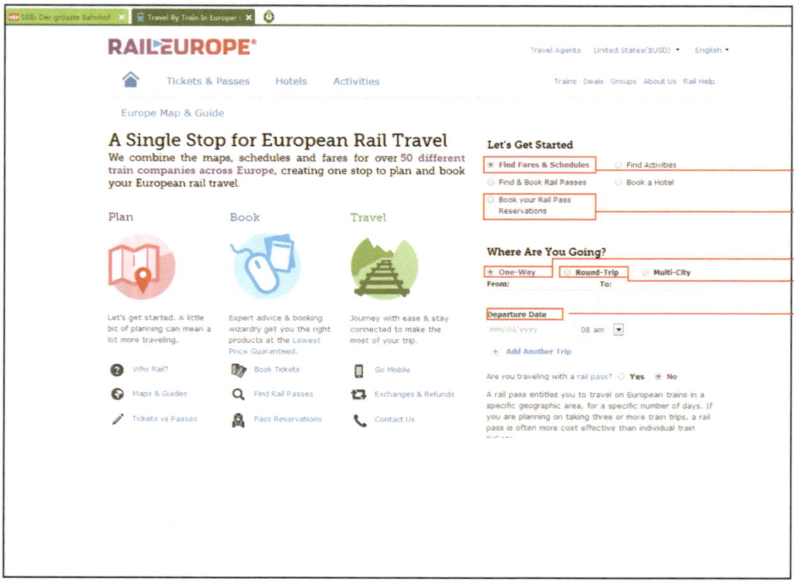

票价和时间表

预定车票

单程

往返

出发日期

欧铁中国售票处：www.europerail.cn

有票价折扣的相　　可用银行卡或支　　欧铁论坛，
关促销活动　　　　付宝转账付款　　知识详尽

欧铁携程官方合作售票处：rails.ctrip.com

点击此处了解欧洲各国　通票预定
对车票预订年龄的划分

住宿

不仅仅用 Booking

　　欧洲之行订住宿，除了用 booking.com 之外，我还用了背包客、国际青年旅舍等网站。青年旅舍应该是穷游或称自由行的首选，价格比酒店便宜。不过如果遇上酒店促销搞特价也很划算，可在 booking 看看特价或促销价，比较后再选择。

　　用多个网站来比较中心地段和住宿价格，选择出行更加方便的住处：如靠近火车站、地铁口或住宿干净、整洁、实惠、提供公用厨房等。要看每个住宿地的详细照片和客人的真实评价，证实选中的是合理的。

　　到到网也是查询各地（特别是国外）酒店或特色民宿的优秀网站，每年通过它进行的各地最受欢迎的酒店、民宿、各色活动排名已被旅游者广为接受，通过它可以看到游客实拍照片和详细的描述点评，细节价格一目了然。

　　当然在通过网站订房的同时也要特别注意每个房源对房费支付的要求。有的规定严格的是必须在预订时扣款并无法更改，但是这种情况下给出的房价会比较优惠；有的是收取部分订金，剩余房费在指定日期从登记的信用卡中扣划；有的是可以到店支付。如果行程很长的话，最好能在出发前把每日的住宿订单仔细再浏览一次。

常用订房网站

网站	网址	特色
国际青年旅舍	www.yhachina.com	简朴，便宜
缤客	www.booking.com	全面，快捷
到到网	www.daodao.com	丰富，准确
HRS 全球订房网	www.hrs.cn	覆盖面广，性价比高

En-suite room/suite room（套房）

Shared Bathroom（雅房）

Single room（单人房）

Double room（双人房，一张床）

Twin room（双人房，两张床）

Triple room（三人房）

Dormitory（多人房）

Hairdryer（吹风机）

Tea and Coffee Facilities（茶包 / 咖啡包 / 电热壶）

Air Condition（空调）

Heating（暖气）

With bath/With shower（浴缸 / 淋浴间）

Arrival date（入住日期）

Available（尚有空房）

Full/Fully booked（客满）

Vacancies（有空房）

VAT included（含税）

Cancellation policy（取消预约规定）

我要办理入住登记。

I would like to check in.

请问今天晚上有空房吗?

Do you have any room available for tonight ?

可以看一下房间吗?

Could you show me the room ?

请问几点退房?

What time do we have to check-out ?

早餐几点开始供应?

What time do you serve breakfast ?

我需要 7 点的叫醒服务。

I need a wake-up call at seven, please.

我可以换房间吗?

Can I change to another room?

我把钥匙忘在房间里了，可以帮我开门吗?

I left my key in my room, Could you open the door for me ?

1. 选择家庭旅馆

2. 沙发客借宿

3. 交换旅游

4. 汽车旅馆

5. 露营

缤客网（Booking）订房流程

1. 登录 www.booking.com，出现界面。

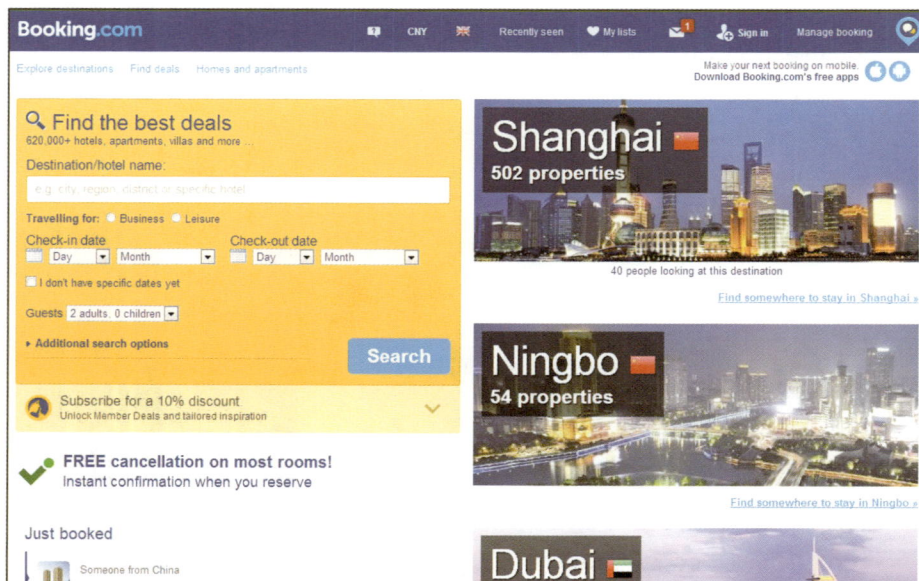

2. 选择国家语言（点击旗帜符号）→选择付款货币（点击"元"）。

3. 注册会员账号。

4. 输入信息查询。

可输入国家名或酒店名查找

打钩选择个人附加条件

5. 选择酒店，查看空房信息。

根据需要筛选房间类型，确认预订

房间类型及室内设施

6. 选择房间数，点击预订，进入填写信息界面。

| 1. 选择您的客房 | 2. 填写您的信息 | 3. 确认您的预订 | 4. 已预订！ |

EuroHotel Günzburg （宫兹伯格欧陆酒店） ●●● 🏵
🅱 超值优惠
📍 Spielplatzstr. 6, 89312 金茨堡，德国

入住时间：
2015年1月2日星期五15:00之后
入住1晚
退房时间：
2015年1月3日星期六12:00之前 更改日期

🅿 免费！ 酒店（无需预订）可提供公共停车设施，免费。

输入个人信息   🙍 登录后预订更快捷

称谓   名   姓
▼   例: Xiaoming   例: Zhang

电子邮箱地址
                        您将会收到一封确认邮件

确认电邮地址

设置密码
                        以创建账号获取专属优惠。

您此行的主要目的：
○ 休闲   ○ 商务

客房   € 65.42
包含增值税 (7%)   € 4.58   → **房间增值税信息**

您的预订包含：
- 免费停车

总价   536元*
酒店使用的货币   € 70   → **房价及支付货币信息**
EUR
（2位住客）

*您将以住宿场所当地的货币向宫兹伯格欧陆酒店支付（以今日汇率为准）：536元＝€ 70

更多有关预订的信息

✔ 保证最优惠房价
此拼价比金茨堡的平均价格：632元/每晚便宜96元

⚙ 在线管理您的预订
您的预订由您做主，无需注册。

"无论是哪一方面，Booking.com都是在线旅游业的领导者。"
CNN

输入邮箱和密码，填写完整网站注册信息

7. 填写其他信息、特殊要求。

您此行的主要目的：
◉ 休闲   ○ 商务

🔍
客房: 双人间 - 26平方米
不退款 ℹ   → **房间简要信息及室内环境预览**

住客: 2 ▼   是否吸烟: 不 ▼ ℹ

住客全名
wan liu   → **输入英文全拼名字**

◀ 1 / 8 ▶

特殊要求
请使用英语或德语填写您的请求。
酒店无法保证满足您的特殊要求，但会尽力尝试。

要求安静的房间   → **可填写个人特殊要求**

☑ 我想要一间安静的客房
☐ 请安排一间高楼层的客房（需视具体情况而定）

无需支付定金！   **前往下一步**
                还差一步就能完成预订了

8. 确定订房信息。

| 1. 选择您的客房 | 2. 填写您的信息 | 3. 确认您的预订 |

EuroHotel Günzburg （宫兹伯格欧陆酒店） ●●●
超值优惠
Spielplatzstr. 6, 89312 金茨堡, 德国

入住时间
2015年1月2日 星期五 15:00 之后
入住1晚
退房时间
2015年1月3日 星期六 12:00 之前

P 免费! 酒店 （无需预订）可提供公共停车设施，免费。

您需要支付每晚537元.
低于金茨堡3星级酒店每晚634元的平均房价。

输入您的地址

国家
中国

城市
合肥 ✔

地址
安徽省合肥市 ✔

邮政编码
230000 ✔

姓名
wan liu

电子邮箱
997613993@qq.com

9. 以上全部填写正确之后付款，会有邮件发到你填写的邮箱。

🔒 **输入银行卡信息**

ℹ 没有预订费! 需要您的信用卡**作为预订担保**。
确认预订后，您的信用卡将被收费。

支付方式
Visa ✔ ← 选择支付方式

信用卡号码 ← 信用卡担保

失效日期
01 / 2014

☑ 是的，我希望收到有关会员独享优惠的电子邮件。

预订这间客房表示我同意 预订条款 和 一般条款 。

以537元预订此客房
即刻获得预订确认

装 备
一个 20 寸的拉杆箱

行李箱

旅行就是一个大范围的长途移动。如果左手两个包包，右手两个袋子，再拖着几十斤重的行李，那么无论你是去哪儿，都会被这些行李消耗过多体力。尤其是老年人出游，体力本就有限，所以选择一个大小合适的行李箱尤为重要。

这次我欧洲之行的行李包括一个双肩包、一个斜跨随身包和一个 20 寸拉杆箱。已经不是年轻人的我如果在旅行途中带着大件行李，必然影响到行动，毕竟这不是跟团游，更多的时间真正需要的是一个比较轻松的行装来保持体力。

并且 20 寸的拉杆箱可以登机，免了托运费，一路下来，没有托运行李也节省了不少开支。

衣物篇

根据出行国家的气温和个人体质来决定。在出行前把必备的物品和各种天气情况下合适穿着的衣物罗列出来。如果碰到阴雨天，雨衣雨裤和鞋套也是不可或缺的。

药品篇

例如速效救心丸、丹参滴丸、藿香正气胶囊、黄连素、息斯敏（外国花草树木很多，有的人会过敏）、创可贴、清凉油等。

食物篇

为了应付偶尔肚子饿但又不好找商店补充口粮的情况，我还不定期根据行囊的剩余空间补充干粮：法棍和巧克力是最好的选择。此外，在出行前我放置了一些苏打饼干和风干牛肉在包里，事实证明还是非常管用的。

另外我有备用购物袋，如果购物的商店购物袋收费，我就用自己的袋子。

这里很重要的一点就是，如果想省钱又没有住上带有厨房的旅馆，带上一个小锅子和小饭盒也是不错的选择。小饭盒除了吃饭时可以用，平时买了水果之类的也可以洗干净装在里面供旅行途中享用。

最后，带上保温杯也是作为中国人必须的，因为国内的人大部分不适应喝冷的水，在欧洲街上取水点很多，且是都是凉水，如果早上出门带上一个大小合适的保温杯，渴了可以倒一些热水出来与取水处的凉水对掺，喝起来就舒服多了。

制作紧急卡片

1. 个人基本情况：姓名，性别，年龄，身份证信息等。
2. 病史：常用药，过敏史，血型等。
3. 保险信息：保险公司名称，保险单号，保险公司电话，SOS 客户号，国际 SOS 联系电话。
4. 紧急联系人：表明紧急联系人的姓名，与自己的关系等，最好用中英文写。
5. 官方电话：中国驻当地领事馆的地址、电话。

通讯

1. 手机漫游：这是最直接的国外通讯方式，缺点是价格昂贵。
2. 购买当地 SIM 卡：使用预付费手机 SIM 卡是在通讯成本较低的国家的首选方式。
3. 公共电话亭：这是打当地电话的一个最好的选择。
4. 长途电话卡：如果所到的国家通讯成本高，那么购买专门的长途电话卡是必不可少的，甚至比当地通话费用都便宜。
5. 其他互联手段：邮件，QQ，微信，Facebook 等。

金钱

在国内兑换外币：中国大部分银行都可以兑换港币和美金，其他的外币就要到中国银行兑换。
目的地兑换外币：在国外兑换要提前在网上查询兑换地点，找当地人民币汇率好的地方，否则会吃亏。

银联：中国银联业务开通的国家和地区已经多达 110 个，在大部分国家都可以用银联卡取现或刷卡。最好能带一张华夏银行的储蓄卡，在机场的银联取款机取款，每天的第一笔可以免手续费。

信用卡：在不能使用银联卡的时候，信用卡就是必不可少的付费工具了。最好是 VISA 卡和 MASTER 卡各带一张。

认识欧元

欧元区成员国：奥地利、比利时、芬兰、法国、德国、爱尔兰、意大利、卢森堡、荷兰、葡萄牙、西班牙、希腊、斯洛文尼亚、塞浦路斯、马耳他、斯洛伐克、爱沙尼亚、拉脱维亚、立陶宛。

现金和刷卡消费：在欧洲，各大银行、货币兑换处和酒店都可提供货币兑换服务。绝大部分酒店、餐馆和商店都接受国际信用卡刷卡消费，且更实惠。信用卡也可取现，但需注意因此产生的每日万分之五的手续费，我的建议是可以通知国内的家人朋友先行还上，或者一回国就去归还。

境外 ATM 机常用英语表

Please enter your pin/password	请输入密码
This machine can handle any "Union Pay" card	本机可受理银联卡业务
Please select from your account	请选择账户类型
Please select your transaction	请选择交易类型
Saving Account	储存账户
Credit Account	信用账户
Withdrawal/Cash Advance	取现
Please select amount	请输入金额
Non-cash Business	本机不能办理存取款业务
Balance lnquiry	余额查询
Do you require a receipt	是否打印凭条

安全

敢后顾，敢远行

旅行其实很简单，首先要有一颗勇敢、自信和自由的心，读万卷书，不如行万里路。其次出发前要把所有交通票和住宿全部在网上预订完毕，只需要带上打印好的预订单就好了。再买一份保险，记下所到国家的中国使领馆的电话。

与家人尽量保持每天一次的联系，如果时间和网络允许，就把看到的一些有趣照片及时发回来给家人看。这样就能减轻家人的顾虑，因为天天都能联系到，也就不存在特别的担心了。

把每个国家所到城市的机场或码头到达市中心的交通工具及线路都查清楚，每到一个城市记得拿地图，每天去的景点、浏览和返回住处路线，都要心中有数，守好钱袋和护照，注意安全，就可以大胆远行。

旅行保险

国际 SOS 救援中心：这是世界上最大的医疗救援公司，同时它也是全球偏远地区的现场医疗服务的最主要提供者。外资保险公司的全球性保险都会带有全球 SOS 服务。

GREECE 希腊

相遇总理，好风光和好时光

希腊位于欧洲东南部巴尔干半岛南端，濒临爱琴海，西南临爱奥尼亚海及地中海。这旦被誉为是西方文明的发源地，拥有悠久的历史，并对三大洲的历史发展有过重大影响。

希腊是尘世间每一个旅行者的精神与物质梦想的栖息地。在这里，可以拜谒远古的圣贤，也可以观赏雄伟的神庙。这个国家在历经千年后的沧桑与勇取之后，使我更能体验到古希腊文明的诱人魅力。人类历史上最明亮的星群照耀着希腊，使这里的一砖一瓦都闪烁着文明的光辉。

转 机 莫 斯 科 Moscow

欧洲之旅的翅膀

当一段全新的旅程开始的时候，我感到紧张又激动，未来的一切在等待着我。从这张小小的机票开始，我将开启人生的新旅途。

从福州到上海的转机，虽然要从虹桥机场跑到浦东机场，但总体上还是很方便的，而接下来，则是我出国旅行的第一站——莫斯科。

虽然只是转机，停留时间也只有短短的两个小时，可是，不同的环境和不同的人群，已经让我对接下来的旅程充满期待。

在莫斯科机场，为了打发漫长的转机时间，我来到了免税店，这个看看，那个瞧瞧，直到机场广播里传来开始登机的广播，我才离开免税店，上了飞机。再次下飞机的时候，迎接我的将是一个全新的国度——希腊。

我的行程 (6月18日—6月19日)

a 从福州（12:13）乘动车前往上海（19:00），D2282

b 上海飞雅典，经停莫斯科，票价 554 美元

上 海（Shanghai）（01:40）—莫斯科（Moscow）（07:20），SU207

莫 斯 科（Moscow）（10:05）— 雅 典（Athens）（12:35），SU2110

雅典 Athens

跨文化欣赏的阵痛

当飞机降落在雅典的时候已经是中午时分，按照之前准备好的攻略，我在机场地铁售票窗口买了 8 欧地铁票，转几趟地铁，很快就到达了预订的酒店。

从酒店出来已是下午，我来到宪法广场（Syntayma Square）参观。议会大楼下面的无名烈士墓碑前，每小时都会进行换岗仪式，庄严而肃穆。广场西北方向有一条 PANEPISTMIOU 街，当地俗称大学街，这条街上并排耸立着三个著名建筑——雅典学院、雅典大学和希腊国家图书馆，它们被称为新古典主义建筑三部曲。只可惜时间有限，我只参观了外部后就回到了中心喷泉广场（Frissiras）。

国家花园（National Gardens）紧邻宪法广场，是市区难得的大片绿荫。这里是散步和跑步锻炼的最好去处，还有各种小动物出没，一派生机勃勃的景象。不知不觉到了晚上，和许多游客一样，我选择乘缆车去利卡维多山（Ly kavittos Hill）看夜景，雅典的灯光星星点点，恍如隔世，十分动人。

卫城 Acropoli

从神话到现代的穿越之旅

卫城
偶遇总理，开启最艳丽的旅程

　　人们常说，不到长城非好汉。卫城在雅典的地位，就像长城在中国的地位一般。因此第一站我便毫不犹豫地选择了雅典卫城。

　　乘地铁红线往 Agios Dimitrios 方向到卫城站（Akropolis），一出地铁站，醒目的雅典卫城便直接映入了眼帘。传说中雅典卫城十分雄伟，虽然之前做了功课，但那建筑的高大雄伟还是让人深深叹服。

　　游走雅典时我发现，和许多现代化大城市不同，这座城市很少有高楼大厦。这或许是当地人对于古建筑一种尊重的方式：不论是什么年代，都让悠久的古老建筑巍峨挺拔地出现在你的视线中。

　　到达卫城的时候还不到八点，此时清晨的光线特别适合拍照，从售票亭左边登上铁梯到山上俯视雅典城，瞬间让人明白了为何这里是当之无愧的城市中

心。俯瞰雅典城，残留的遗迹书写着昔日的繁华，山脚的普拉卡地区熙攘的街道星罗密布。再看远一些，蔚蓝的海洋一望无际，我情不自禁地闭上眼睛，恨不得有一双翅膀，翱翔在这蓝天碧海之间，感受海风的呼啸，触摸海洋的味道。可惜幻想终归是幻想，人是无法长出翅膀的，我只能极目远眺，尽情感受这新旧交错的城市风情。

通过之前搜寻的资料了解到，公元前5世纪，为了祭祀雅典娜女神，人们兴建神庙，便是今日的卫城雏形。"卫城"意为"高丘上的城市"，既是祭祀的圣地，也是防卫的要塞。这里的游览精华包括帕特农神庙、伊瑞克提翁神庙、狄俄尼索斯剧场、易罗德·阿提卡斯音乐厅等。

众多建筑中最令人赞叹的就是帕特农神庙，昔日它壮观华美，如今只余断臂残痕，让人在感怀历史的凄凉中，更多了一些对于古文明的赞叹。帕特农神庙建成于公元前436年，长70米，宽31米，

远眺卫城，沧桑的建筑高低错落地分布在阳光之下。

ａ 协和广场站（OMONIA）乘地
铁红线到卫城站（Akropolis），
天票 4 欧

ｂ 雅典 Athens(Piraeus)（18:00）
乘船到圣托里尼（Santorini）
（02:40），16 欧

纵使时间的刻刀给神殿留下伤
痕，也难以掩饰它的雄伟。

以最精密的计算设计而成。它在视觉上所呈现出来
的力与美的永恒张力，是这座神庙最吸引人的地方。

希腊文化和卫城文化深深吸引了我，为了更进
一步地了解它们，我选择前往附近的新卫城博物馆。
透过展馆的玻璃窗，不少卫城遗迹映入眼帘。这感
觉实在奇妙：明明是身在一座现代化的博物馆，却
好似穿越到了千年前的雅典城邦。

而对我而言，雅典一行真的是幸运之极。为了
拍照顺利我特意起早参观，到卫城时都还没开始卖
票，就看到警卫一批批地过来，记者拿着相机或架
着摄像机守在那里，当时还不知道发生了什么情况。
我第一个买了票上去，此时游客特别少。经过帕特
农神庙时，一眼就看到希腊的总理和夫人在给李克
强总理介绍，当时周围也没有太多人，总理看到我
这个中国大妈就向我招招手。

后来我看到留学生跟他合影就站到一旁去，不
想抢年轻人的镜头嘛。总理示意等下跟我单拍。等

身处这里看现代的演出表演，想必别有意境。

他们在一起拍完了，总理没有忘记刚说的话，就伸出手来要我跟他握手合影。他乡遇国人，还是我们的总理，当时好激动，甚至不知道说些什么。跟总理合影后，他的随从人员提示我，应该用我的 iPad 再拍一张，这样自己才有存档的照片。确实是这样，因为之前照片是用别人的单反拍的。工作人员帮我和总理合影后，我愉快地感谢了他。

第一次近距离接触国家领导人，李总理给人的印象是相当地和善，没有高高在上的感觉。这次旅行归来之后，每次在听新闻时传来李总理在其他国家或地区访问的消息都感觉特别亲切。而巧遇李总理，为我的欧洲行第一站着了浓墨重彩的一笔。

普拉卡
古宅里的岁月静好

雅典是个可以不停给人惊喜的城市。除了众多历史古迹能让我啧啧称赞，十分佩服之外，大街小巷也令我流连忘返。

穿过古市集，首先来到卫城脚下的普拉卡

虽然只剩下几根柱子，也依然有着当年的气势。

（Plaka）。普拉卡环绕卫城，是雅典最悠久的老城区。几十条小巷像迷宫一般蜿蜒曲折，小巷两边低矮的房屋各具特色。有的老房子还特意改成迷你博物馆对外开放。

Kidathineon 路是普拉卡区最热闹的一条街，许多旅馆、酒吧都在这里，价格都很亲民。希腊人生活安逸闲适，夜生活也丰富热闹。晚上八九点，人们点起了蜡烛，露天座位上坐满了客人。特别的是，每家餐厅都有自己的歌曲。或是请来乐师为你伴奏，或者播放那充满爱琴海情调的希腊音乐。吹吹海风，听听歌，我已经忘了时间的流逝，心想，或许这大概就是最美好的时光吧。

跳蚤市场非去不可。窄窄的街道上满是沾满灰尘的旧货，手工玻璃制品、首饰、铜器、漂亮的盘子、头饰……似乎生活的过往都被封存在这泛黄的老照片中。沿着蜿蜒小道前行，路过廊柱博物馆，可以用卫城套票入内参观罗马市集风塔、哈德良图书馆遗址和古罗马市场，这些都是古代雅典最豪华的建筑所在，可惜毁于战争，让人不禁一声叹息。

如果和我一样是美食爱好者，那就去中央广场逛逛吧。这里被当地人亲切地称为"雅典的大厨房"，屋顶的市场里陈列着各种生鲜食品、乳酪、蔬果、香肠，还有雅典的特产腌渍橄榄，样样漂亮又美味，为你开启了味觉大本营。

6月20日

06:00-08:00	08:00-11:00	11:00-14:00	14:00-16:00	18:00-02:40
酒店—雅典卫城	雅典卫城俯瞰—伊瑞克提翁神庙（Erechtheion）—帕特农神庙（Parthenon）—希罗德·阿提库斯剧场（Odeon of Herodes Atticus）—狄俄尼索斯剧场（Theatre of Dionysos）	普拉卡（Plaka）—哈德良拱门（Arch of Hadrian）、奥林匹亚宙斯神庙（Temple of the Oympian Zeus）	兑换实物票	乘船去圣托里尼

a 雅典卫城开放时间不定,大多是 8:00-20:00。临时闭馆日期是:1 月 1 日,3 月 25 日,5 月 1 日,复活节,12 月 25 日,12 月 26 日。请在游览前夕查好卫城开放时间。

b 雅典卫城套票全价 12 欧,自购票起 4 日内有效,除卫城外还包括古雅典市场(Ancient Agora of Athens)、罗马市场(Roman Agora of Athens)、凯拉米克斯考古博物馆(Archaeological Museum of Kerameikos)、哈德良图书馆(Hadrian's Library)、奥林匹亚宙斯神庙和狄俄尼索斯剧院等 6 个景点(不包含卫城博物馆)。

c 雅典卫城站名 Akropoli,可搭乘巴士或者地铁前往。地铁天票(24 小时)售价 4 欧,相对比较划算。搭乘地铁 2 号线在 Akropoli 站下,出地铁口后往左走,步行一段后可到售票处。

d 卫城里的山路比较崎岖难行,遗迹里的阶梯非常容易滑倒,特别是下雨后更要注意,最好选择穿防滑、舒适的鞋子前往。

e 卫城北边的岩壁上有吊笼式的垂直升降电梯,可供乘轮椅的乘客使用,但需联系工作人员提供帮助。

f 请不要带走脚下的小岩石,在雅典,这一行为可能触犯当地法律,引起不必要的麻烦。

g 雅典阳光通透,临海风大,务必注意防晒防风。

h 希腊的时间比中国晚 6 个小时。

月色下的雅典卫城富丽堂皇,静静地诉说着往日的辉煌。

圣托里尼 Santorini

我看到了世界最美的落日

费拉
在安静祥和的小镇迎接朝阳

从雅典到圣托里尼的船于凌晨三点到达港口——新港。下了船，明显感觉到海风带着潮湿的味道拂面而来，还夹杂着些许凉意。很快就找到酒店派来接我的中巴车，司机在寒风中已经等候多时，我不禁觉得抱歉与感动，同时，对这个美丽的地方增添了浓浓的亲切感。

汽车沿着蜿蜒崎岖的山路行进，透过车窗，海边的房子和船上的灯光星星点点，非常的漂亮。汽车开了约二十分钟，就来到圣托里尼岛的费拉镇（Fira），这里是圣托里尼岛的首府，位于岛的西岸，是圣托里尼岛的商业中心和旅游中心及临海岸城市。我预订的酒店就位于这个美丽的小镇。

到了酒店，放下行李，稍作休息以后，我走到酒店的阳台上，迎接今天的第一缕阳光。此时月亮还高高挂在天上，但朝霞已经将天空染上了美丽的颜色，非常漂亮，非常壮观，我不得不崇拜大自然这位无与伦比的艺术家。而沐浴在晨曦中的费拉小镇，仿佛还沉醉在如画的梦里，显得静谧而安详。

我按捺不住内心的激动与渴望，一个人走出酒店，在无人的清晨，轻松自在地漫步在小镇的大街小巷中，自由而惬意。在一条简朴幽径的小巷里，意外邂逅一座精致的小教堂，让我感到欣喜。顺着主干道右转拾级而上，沿着迷宫般的小巷寻找美丽的爱琴海，沿途处处是可以入镜的美景。

濒临爱琴海的酒店、餐厅、咖啡馆依费拉小镇的火山断崖而建，白色的房屋座座相连，高低错落，形成一种独特的城市景观。面对着绝美的风景，我已无法放下我手中的相机，生怕错过每一个美丽的瞬间。可是因为要赶去伊亚小镇，我恋恋不舍地回到了酒店。

面朝大海的休闲小站。

清新、浪漫、精美的伊亚主街。

TIPS 穷游小贴士

a. 希腊空气通透，阳光辐射大，尤其是在海边，一定要注意防晒。

b. 码头以及船上海风较大，需要带好防风外套。

c. 从雅典到圣托里尼的夜船，主要由 Bluestar 公司（www.bluestarferries.com）（周二、四、六）和 Minoan Lines 公司（周一、三、五）承运。雅典的比雷埃夫斯码头（Piraeus）是希腊最大码头，乘船点都在 E7 入口，用天票乘绿线，从终点站（Piraeus）出来，过桥就是。特别注意要按要求提早到达换票登船。

d. 费拉镇的主街旁，早市有卖刚捕捞的海鱼的，价格很便宜，1公斤只需 3 欧元左右，要时间够可以买回来带到酒店煮。

e. 圣托里尼街上没有提供饮用水的地方，要在酒店备好饮用水。

f. 圣托里尼临海有很多特色餐馆，多比较几家，选择性价比高且环境优雅的用餐，小费直接加进餐费里。

g. 西班牙比中国晚 6 个小时。

伊亚
邂逅浪漫美景

从费拉汽车总站乘巴士前往伊亚，大约经过三十分钟到达伊亚汽车站。

伊亚位于圣托里尼岛北边岬角的顶端，有很多好看的蓝顶白十字架的教堂，这些美丽的建筑不经意间就会与我相逢在转角。无须去比较寻找哪个更美，遇见本身就很美好。

漫步于伊亚唯一的主街，我感觉这里的建筑、街道和布局比费拉更加清新、精美和浪漫。在这里可以看到来自世界各地的人们，有着不同的肤色，说着不同的语言，但都手拉着手，很温馨很热闹。教堂、风车、民居，错落有致地层叠分布在悬崖的峭壁上，就好像是搭积木一样，十分精巧。小咖啡店、餐厅、白色的房、风车、舒服的海风，让我如入梦幻的童话世界。

6月21日

18:00-02:40	02:40-09:00	09:00-19:00	19:00
雅典（Athens）—圣托里尼（Santorini）—费拉（Fira）	来到酒店—阳台俯瞰费拉美景—费拉主街（Main Street）—汽车站	乘车来到伊亚（Oia）—主街—小镇南端海边悬崖处的平台观景—主街北端教堂	伊亚返回费拉，入住酒店

走到伊亚小镇南端，位于海边悬崖处有类似烽火台的平台，是观日落的最佳地点。在这里，我巧遇六对来自中国的老年夫妻，到这里来拍金婚婚纱照，非常浪漫。他们看起来是六对一起请了摄影师，在美丽的风景中摆出各种POSE，一点也不拘谨，幸福地笑着。当时我就在想，中国人过去一直被认为不太善于表达感情，特别是年龄大一些的，更会觉得不好意思，把自己的感情都禁锢起来。不过现在我们身边的人也在慢慢地改变旧有观念，就像我自己，也勇敢地走出国门，云世界各地旅游，去看看人家是怎么生活的，怎么充分享受生活的乐趣。

　　在伊亚走走，看看，拍拍，不知不觉到了中午时分，找了一家地中海的浪漫风格、环境十分优雅的酒店用餐，在饱览美景的同时美餐了一顿，我觉得，最幸福的事情也莫过于此。下午到主街北端的

6月22日

08:00-12:00	12:00-13:00	13:00-15:00	15:00-17:30	20:25-21:10
圣母玛丽亚教堂—离火山最近的悬崖—蓝顶教堂	返回酒店吃午餐—前往费拉汽车总站	费拉汽车总站—黑沙滩	黑沙滩—酒店—准备行李，前往下一站	乘飞机去雅典，准备转机前往西班牙

五彩缤纷的房屋，安静的徜徉在海岸线上。

教堂看了看，一路上遇到很多年轻人在拍婚纱照，浪漫而甜蜜。

大家都说伊亚是全世界欣赏最美日落的地方，傍晚的海风轻抚着岸边的旗帜，风车缓缓转动，海岛沐浴在金色的光芒里。伴随着夕阳的余晖，我从伊亚返回费拉，留下对这座浪漫小镇的无限回忆。

圣母玛丽亚教堂
壮观超然的自然及人文景观

早上吃过丰盛的早餐，决定上午先去向往已久的圣母玛丽亚教堂和《国家地理》杂志刊登过的蓝顶教堂。

费拉小镇建在悬崖峭壁上，距离爱琴海面有三百米高的距离，镇上的悬崖酒店非常多且漂亮，全是白色屋墙，顶深蓝色，与天空海洋混成一体，沿海悬崖的街道，洞穴酒店和海景酒店处处都是美景。镇子的路一点也不复杂，西侧是沿海步道，东边靠岛内部是公路，主要供车行。

在美景中边赏边行，不觉来到一个三叉路口，看见很多游客从左小道进入，我便跟随着人流来到通往圣母玛利亚教堂的小路。沿途经过离火山最近的悬崖顶端，在这里，能看到18公里长的火山漂亮全景，景色相当壮观，让我叹为观止。

圣母玛丽亚教堂就坐落其间，圆圆的蓝顶使矗立在高处的教堂显得更超然，面对着如蓝宝石般的爱琴海，洋溢着甜蜜浪漫的气氛。难怪有许多年轻人会选择在圣母玛丽亚教堂举行婚礼。

之后沿原路返回，找到了那个著名的蓝顶教堂，果然非常唯美，和心仪的图片一样让人陶醉，我的喜爱之情溢于言表。趁着人少，我连续拍照，

我的交通 6月21日—6月22日

a 雅 典（Athens）（18:00）乘船到圣托里尼（Santorini）（02:40），16 欧元

b 圣托里尼（Santorini）码头到费拉镇，酒店中巴

c 费拉（Fira）乘车到伊亚（Oia），约 30 分钟，1.6 欧元

d 费拉（Fira）乘车到黑沙滩，1.8 欧元

e 圣托里尼（JTR）经雅典（ATH）转 机（20:25—21:10，A3361）至巴塞罗那（BCN）机场（08:45—11:00，A3680）

把美景留在了镜头中。今天上午安排的美景全部都看到了，我心满意足地沿着小路小巷返回。

黑沙滩
焉知非福的美景

　　圣托里尼除了悬崖上的地中海风格小镇被人熟知外，还有爱琴海的三色沙滩，分别是白沙滩、红沙滩和黑沙滩。我本来是要打算去红沙滩的，结果，因为交流问题，误打误撞去了黑沙滩。

　　黑沙滩在卡马利镇，是火山岛喷发过后的火山灰沉积下来的黑砂石，逐渐形成绵长的黑沙滩。因为沙滩的颜色是黑色的，所以特别吸热，我脱了鞋，站在水里，可是还感觉脚底发烫。很多人选择躺在遮阳伞下休息，还有穿着比基尼的女孩，在黑沙滩上铺着毯子阅读，也有人下水游泳，出海钓鱼……虽然是错到黑沙滩，不过碧海蓝天的美景也让人沉醉，我在岸边沙砾上狂拍照，将把这美景一一留存。

一望无际的黑沙滩。

SP西班牙
AIN

风格多样的艺术王国

西班牙，大航海时代的鼎盛国家，
漫长的海岸线形成了独特的海岸风光。

地处欧洲与非洲的交界，西班牙一直受许多外来文化影响，因此在西班牙可以看到许多不同文化的缩影。从热情奔放的斗牛到优雅的歌剧，从华丽的巴洛克到典雅的文艺复兴，从热情的加泰罗尼亚到皇家气象的马德里，文化交汇，资源融合，是当之无愧的"旅游王国"。

巴 塞 罗 那 Barcelona

多彩与欢乐的艺术乐园

　　中午 11 点，我从雅典飞到了巴塞罗那。巴塞罗那机场内的指示非常明确，按指示走一段路，找到机场免费摆渡车（Shutte Bus），乘车到达 T2 航站楼。从 T2 航站楼继续按标识走，可以看到火车票自动售票机。买好票，坐火车到达中央火车站（Sants）。下了车，先去旅游信息中心索要免费地图。

　　到了酒店，办理完毕手续之后，我向酒店要了免费地图，老板人很好，帮我圈出了酒店位置，并在地图上画出最佳的景点游览路线，令我很感动。出了酒店，我先去地铁站买了 9.8 欧元的 T10 票备用。

米拉之家和巴特罗之家
迷醉安东尼奥·高迪的建筑之梦

　　按照地图上的标注，我先选择了距离酒店较近的米拉之家（Gasa Mila，La Pedrera）、巴特罗之家（Casa Batllo）去参观。米拉之家和巴特罗之家都是建筑

TIPS 穷游小贴士

a 巴塞罗那车站和酒店基本上都有免费地图。

b 参观圣家族教堂建议选择早上游览以避开人群。教堂的钟楼可以登顶，费用为3欧元。教堂内部光线穿过彩绘玻璃是很美的视觉享受，早上以及日落时分的光线尤其诱人。每天排队参观的人流量很大，可以提前网上购票以避免排队。

c 从哥伦布广场可以漫步到地中海海湾参观。

d 巴塞罗那是杰出建筑的宝库。游玩之前对巴塞罗那的建筑做一些基本的了解，可以帮助更好地参观游玩这些建筑。

大师安东尼奥·高迪的代表作，那美妙梦幻的建筑艺术让我陶醉。

米拉之家是高迪设计的最后一处私人住宅。远远地，就可以看到米拉之家的拱顶，拱顶上是奇形怪状的突物做成的烟囱和通风管道，呈现抛物线或悬链线的形状，显得高低错落。整个建筑的外墙由白色的石材砌出，明媚耀眼，扭曲回绕的铁条和铁板构成的阳台栏杆，使整栋建筑如波涛汹涌的海面，极富动感。

米拉公寓里里外外都显得非常怪异，甚至有些荒诞不经，但仍被公认是所有现代建筑中最具代表性的，也是最有独创性的建筑，是20世纪世界上最重要的建筑之一。整个米拉之家没有一处是直角，这也是高迪作品的最大特色，因为高迪认为"直线属于人类，而曲线归于上帝"。

同样，巴特罗之家也非常的有个性，整座建筑外墙以彩色马赛克装饰，在阳光的照射下散发五彩光芒。它的屋顶覆盖着陶瓷板，好像火龙的脊背起伏，烟囱犹如一把大剑，据说是在讲述加泰罗尼亚的保护神圣乔治战胜恶龙的传说。而阳台则别出心裁地采用面具造型和骨骼形状的立柱，使得整座建筑多了几分奇异与迷离。

整幢建筑具有耀眼的美感，让人不得不赞叹大师的奇思妙想。它色彩鲜艳，外墙面不规则，阳台的独特形状都显示出高迪这个鬼才和一般设计师的不同，当时这座建筑竣工时，巴塞的市民都以惊异的眼光看着它，称它为"骷髅之家"、"幽灵之家"因为它就是那么独特，那么诡异。

巴特罗之家不仅以非凡的外表震惊着观者的眼球，其内部更是整栋建筑的精华所在。在这里，高迪最大限度地发挥了他的想象力。

诡异独特的巴特罗之家看上去却是如此美丽。

我的住宿 (6月23日—6月25日)

a 6月23日—6月24日住在巴塞罗那的 Hostal Martinval（No.204972078）

地　址：Bruc, 117, Principal, Eixample, Barcelona, 08009

电话：+34931920792

费用：54 欧元，2 晚，配备厨房

我的交通 (6月23日—6月25日)

a 雅典（Athens）（08:45）乘飞机到巴塞罗那（Barcelona）（11:00）

b 巴塞罗那 Barcelona 机场乘火车到中央火车站，3.8 欧元

c 圣家族教堂乘地铁 L3 至 Lesseps 站，去古埃尔公园（Park Güell），T10 票，9.8 欧元

d 酒店乘地铁至西班牙广场，继续使用 T10 票

e 巴塞罗那乘夜火车至格拉纳达（20:00—06:50），59.4 欧元

建筑内部的墙面也如同波浪起伏一般，甚至连窗户也是不规则的，慢慢参观，可以感到房间内光线的明暗变化，仿佛墙也涌动起来，静止的建筑一下子便增添了无限生机。

漫步巴塞罗那
处处皆景，处处称奇

参观完精美建筑之后，我沿着巴塞罗那最主要购物街 Passeig de Gracia 来到加泰罗尼亚广场。从加泰罗尼亚广场可以到达巴塞罗那最繁华的拉布朗步行街。中途会经过波盖利亚市场（La Boqueria），市场有卖各种各样的新鲜水果以及品种繁多的海鲜，丰富的香料，还建有各式餐馆，热闹非凡。

拉布朗步行街的尽头就是哥伦布广场。广场中央矗立着已经有一百多年历史的哥伦布雕像。雕像里的哥伦布站在高 17 米的圆柱顶部，面向西方，那是他发现的新大陆的方向。整个雕塑气势磅礴，让人震撼。

之后，我来到旧城的中心（Placa de Sant Jaume），看完旧城，又参观了毕加索博物馆，之后便回到了酒店。

虽然只是漫步在巴塞罗那街头，浏览加泰罗尼亚市井风光，但仍然令我沉醉。在这里，我感受到了最真实的巴塞罗那生活，那街边的美妙建筑，那

6月23日

08:45-11:00	11:00-12:00	12:00-19:00
雅典（Athens）—巴塞罗那（Barcelona）	从巴塞罗那机场前往酒店	从酒店前往巴塞罗那城区参观。酒店—米拉之家（Gasa Mila）—巴特罗之家（Casa Batllo）—购物街（Passeig de Gracia）—波盖利亚市场（La Boqueria）—加泰罗尼亚广场—拉布朗步行街—哥伦布广场—旧城中心（Placa de Sant Jaume）—毕加索博物馆

绿树林荫的古埃尔公园环线。

热闹的步行街，那由内而外散发的不一般的文化气息，让我难忘，让我留恋。

圣家族大教堂
是象征，更是奇迹

第二天，我早早地起床，只为领略圣家族教堂的风光。虽然我已经提前做了功课，但真正来到他面前时，还是禁不住发出赞叹。大名鼎鼎的圣家族教堂果然名不虚传，是无愧的巴塞罗那象征。

在来到大教堂之前，我潜意识里总是觉得教堂

6月24日			6月25日	
07:00-10:00	10:00-12:00	12:00-17:30	10:00-17:00	20:00-06:50
圣家族教堂	古埃尔公园（Park Güell）	午餐—米罗基金会—体育大学—西班牙村—奥林匹克体育场—威尼斯之家	西班牙广场—国家宫—奥林匹克中心—法兰西车站	坐火车前往格拉纳达

就应该是方方正正的，而圣家族大教堂彻底颠覆了我的这一观念。其设计思路之新颖奇特，建筑外形之美观现代让我赞叹不已。

圣家族大教堂整体设计以大自然诸如洞穴、山脉、花草动物为灵感，设计完全没有直线和平面，而是用各种曲型线条的各种变化组合成充满韵律动感的神圣建筑。

教堂的高塔令人印象深刻，墙面主要以当地的动植物形象作为装饰，正面的三道门以彩色的陶瓷装点而成。整个建筑华美异常，突破了人们对于教堂的传统印象，梦幻浪漫、怪诞陆离，直插云天的高塔，五颜六色的马赛克装饰，螺旋形的楼梯，宛如从墙上生长出来栩栩如生的雕像，庞大的建筑显得十分轻巧，有如孩子们在海滩上造起来的沙雕城堡……层出不穷的奇思妙想被运用到建筑中，令人叹为观止，是建筑史上的奇迹。

通过圣家族教堂的钟楼可以登顶（费用 3 欧），俯瞰巴塞罗那市区。

从圣家族教堂出来，我乘坐地铁 L3 至 Lesseps 站，去古埃尔公园（Park Güell）。在这里，高迪把他的惊世天赋从建筑设计转到了园林规划。一走进古埃尔公园的正门，就能看见常出现在旅游杂志上的蜥蜴雕塑，拾级而上，我发现这里简直就是一个五彩缤纷的超现实主义乐园。

高迪的故居也坐落在此，这个粉红色的小房子现在已经变成了博物馆。之后，我还去了米罗基金会、体育大学、西班牙村、奥林匹克体育场和威尼斯之家等，之后带着意犹未尽的感觉回到酒店。

第三天，我选择了参观巴塞罗那不胜枚举的让人留下深刻记忆的建筑，包括西班牙广场、国家宫、奥林匹克中心、法兰西车站等。一路走来，感觉这里是建筑师的天堂，所到之处无不留下高迪等名师的作品。的确，巴塞罗那是一座极有个性和魅力的城市，它让人相信世上会有奇迹。

晚上，我乘坐卧铺列车前往格拉纳达。当一觉醒来时，我将开始西班牙之行的第二站。

人在赫赫有名的圣家族大教堂面
前显得格外渺小。

格拉纳达 Granada

摩尔人的红色宫殿相逢

在格拉纳达停留的时间并不算多，但也绝对是不虚此行。早就听说阿尔罕布拉宫的大名，摩尔人留存在西班牙的建筑奇迹，我自然不愿错过。

到达酒店的时候是上午7点多，我把行李放好，就开始了格拉纳达的游览。乘坐30路中巴就可以到达阿尔罕布拉宫（Alhambra Alta）大门口。阿尔罕布拉宫很大，是由好几个宫殿和其他一些景点组成，其中王宫是最大的看点。在阿尔罕布拉宫可以眺望阿尔拜辛区。之后可以按照"轩尼洛里菲宫—阿卡巴碉堡—纳斯里德皇宫"的顺序游览，这是最优化的游览路线。

6月26日

20:00-06:50	06:50-07:30	08:00-17:00
巴塞罗那（Barcelona）—格拉纳达（Granada）	格拉纳达火车站前往酒店	游览阿尔罕布拉宫—轩尼洛里菲宫—阿卡巴碉堡—纳斯里德皇宫

TIPS 穷游小贴士

a. 30 路中巴可以到达阿尔罕布拉宫（Alhambra Alta）大门口，往返 2.4 欧。若在阿尔罕布拉宫现场买票 14 欧，提前一个月或者更早就在网上购买门票 13 欧，网上购买需要加 10% 的手续费，即 14.3 欧。网上购买成功后会有一个确认 email 到你指定的邮箱。

b. 必须按门票规定的时间 11:30 进入纳斯里德王宫（Nasrid Palaces）。

阿尔罕布拉宫，这个摩尔人留下的红色宫殿曾经轰动了整个世界。它的每一个细节都来源于精心的制作，处处无可挑剔，老城堡、后花园等亮点多多，都值得美美欣赏。

第二天早早起床，因为中午就要乘火车前往塞维利亚，所以在市中心步行范围内游览了一些景点，其中格拉纳达大教堂让我印象深刻。

中午，乘坐火车从格拉纳达（Granada）前往塞维利亚（Sevilla）（11:24—14:24）。

无可挑剔的老城堡阿尔罕布拉宫。

我的交通（6月26日—6月27日）

a. 巴塞罗那乘夜火车至格拉纳达（20:00—06:50），59.4 欧元

b. 酒店乘 30 路中巴至阿尔罕布拉宫，往返 2.4 欧元

c. 格拉纳达乘火车前往塞维利亚（11:24—14:24），29 欧元

6月27日

07:00—10:00	11:24—14:24
游览格拉纳达市中心	乘火车前往塞维利亚

我的住宿（6月26日—6月27日）

a. 住在格拉纳达的 Hostal Sevilla（No.938335886）

地址：Fabrica Vieja，18，CentroGranada，18002，西班牙

电话：+3495827813　费用：10 欧元，1 晚

塞维利亚 Sevilla

参观世界三大教堂之一

从格拉纳达到塞维利亚需要三个小时的时间。到达塞维利亚已是下午两点半，在车上解决了午餐，下车后就直奔预订好的酒店入住，放行李。

这天游览塞维利亚的时间并不多，于是便选择了西班牙广场和玛利亚·路易莎公园。西班牙广场是塞维利亚最大的看点，也是这座城市的骄傲。

整个广场由一组主体建筑和一些辅助建筑组成，整体呈巨大的圆形，中间是宫殿式建筑，一面猎猎飘扬的西班牙国旗让我对这里产生敬意。宫殿式建筑楼前高高的台阶象征权力和威严，左右各一座跨河拱桥小巧玲珑；跨度

6月27日

11:24-14:24	14:24-15:30	15:30-18:30
格拉纳达（Granada）—塞维利亚（Sevilla）	前往酒店，办理入住，放下行李	西班牙广场和玛利亚·路易莎公园

蓝天当空,碧水环绕的西班牙广场。

TIPS 穷游小贴士

a 游览前简单了解一下西班牙建筑的主要风格,可以更好地帮助你观赏塞维利亚的美丽建筑。

非常大的建筑两旁分别是一座细高的塔楼,整个建筑以高贵的淡紫色作为主色调,以瓷砖和马赛克作为材料,整体上清丽典雅和谐。从这一组建筑中,可以看到西班牙不同建筑风格,如歌特、摩尔及银匠风格。

第二天,我来到了大名鼎鼎的塞维利亚大教堂。这座教堂与梵蒂冈圣彼得教堂、伦敦圣保罗大教堂并称世界三大教堂。之后还顺路参观了大主教宫、塞维利亚王宫、教士医院。

吃过午饭,我沿着河边大道欣赏黄金塔及两岸美景,同样是美丽的景色,随着角度的不同变换着

6月28日

07:00~12:00
游览塞维利亚大教堂—大主教宫—塞维利亚王宫—教士医院

13:00~19:00
沿河边大道欣赏两岸美景,河边餐厅就餐

6月29日

07:00~08:30
从酒店前往火车站,乘坐火车前往科尔多瓦(Cordoba)

我的交通 (6月27日—6月29日)

a. 格拉纳达乘火车前往塞维利亚
（11:24—14:24）

b. 塞维利亚乘坐火车前往科尔多瓦（Cordoba）（08:30—10:00），
13.3 欧元

我的住宿 (6月27日—6月29日)

a. 塞维利亚两天均居住在 Pensión Bienvenido（No.695061232）

地址：Archeros, 14, Casco Antiguo Sevilla, 41004, 西班牙

电话：+34954413655

费用：22 欧元，2 晚

美丽，让人大饱眼福。无数大桥横跨河流，美丽和雄壮兼而有之，让我感叹。晚餐在河边餐厅就餐，不仅可以欣赏美丽的夜景，还可以看一场弗拉明戈舞，热情的舞姿，优美而热辣，让我也忍不住跟着节奏摇摆着身体，沉浸在这舞蹈中。

第三天，起了个大早，只为赶8点半的火车前往科尔多瓦（Cordoba）。塞维利亚的行程虽然很短，却让我领略了西班牙建筑集大成的美。

倒映在碧蓝水色里的宫殿。

科尔多瓦 Cordoba

漫步常年如春百花巷和大清真寺

　　从塞维利亚前往马德里，我选择了从科尔多瓦转车。由于在科尔多瓦呆的时间只有五个多小时，所以之前做了较为充足的行程攻略。下了火车，因为火车站没有行李寄存处，所以先到位于火车站旁边的科尔多瓦汽车站寄存行李。

　　从车站坐 3 路公交去位于市中心的大清真寺。之前我并不知道坐到哪一站，只知道在接近河的地方可以看到大十字架，就在那里下车即可。在国外，有时候这种简单明了的方法反而更容易帮助我们去识别目的地。下了车之后，扑面而来的是一派乡野风光：敦敦实实的古桥有着厚重历史，桥下的湍流、残屋、茅草，让人赏心悦目。今天巧遇正在进行的铁人三项比赛，故沿岸非常热闹。

　　接着来到大清真寺排队买票，还未进寺内，首先映入眼帘的是拱形裙楼。而走进寺庙内，钟楼从大树间隐约透出来，在蓝天白云的映衬下显得格外漂亮。看着不同方向的钟摆、听着清脆宏亮的钟声，让我感到愉悦、安详。大

清真寺内有五百多根斑马柱，气势恢弘，而且其样式造型各异称奇，礼拜厅的气派、管风琴的宏大都昭显着它的崇高地位，能够亲历于此，我感到自己真的是很幸运。

科尔多瓦的另一著名景点是百花巷——犹太人居住区。这里的人们把养花种花当作生活中的不可或缺的部分，一年到头，百花盛开，常年如春，温馨美丽。一路沿着老城观赏着街景，经过市政厅教堂，穿过花园便可以回到火车站。去火车站旁边的汽车站取上行李，我便要直奔下一个目的地：西班牙的首都马德里。

一年四季都鲜花盛开，草色葱绿的百花巷。

我的交通 (6月27日—6月29日)

a 塞维利亚乘坐火车前往科尔多瓦（Cordoba）（08:30—10:00），13.3 欧元

b 3 路公交前往大清真寺，票价 1.2 欧元

c 科尔多瓦（Cordoba）乘坐 AVE 高速列车前往马德里（Madrid），24.8 欧元

6 月 29 日

08:30-10:00	10:00-15:00	15:06-16:55
塞维利亚（Sevilla）—科尔多瓦（Cordoba）	来到汽车站寄存行李—大清真寺—百花巷—市政厅教堂	科尔多瓦（Cordoba）乘坐 AVE 高速列车前往马德里（Madrid）

马德里 Madrid
浓郁而丰富的文化积淀

　　从科尔多瓦来到马德里，已是下午。早就听说马德里的阿托查火车站是世界十大最美火车站之一，下了车便迫不及待地赶去拍照。车站比我想象的还要美，车站大厅被知名的建筑师拉菲尔·莫尼奥打造成了热带雨林花园。他运用大量玻璃、金属和光亮的石块，建构出一个温室，日夜运作的洒水系统，精心地滋润着整排的热带植物。

　　在这里候车的旅客，可以坐在荷花池畔的长凳上，悠闲地欣赏绿色景观，等候火车的抵达。拍完车站，时间已经不算早，我匆匆忙忙赶到酒店，把手续办妥行李放好，便直奔出去。

太阳门广场
西班牙中心的中心

　　我首先来到了马约尔广场。广场上非常热闹，据说这个广场是在 1619 年便

我的交通（6月29日—7月1日）

a. 科尔多瓦（Cordoba）乘坐 AVE 高速列车前往马德里（Madrid），24.8 欧元

b. 马德里（Madrid）乘飞机前往里斯本（Lisboa）

这里正是西班牙首都马德里的最中心地带。

开始动工修建的，在建成之后的漫长岁月里经历了 3 次火灾，又重新修建，直至 1953 年完成后形成现在的样子，我不禁为马约尔广场的历久弥新暗暗惊叹。广场有着独特风格，四面由 4 层高的建筑围成，在广场中央是菲里普三世的骑马雕像。

之后，我来到了马德里的中心，也是马德里最著名的地点之一——太阳门广场。保安局大楼是太阳门广场中最突出的建筑物，这是一座 18 世纪末新古典风格的宫殿式建筑，楼顶有一座雄伟的钟楼。

钟楼下方可以见到一处直径 1 尺的圆环，这可不是普通的圆环，环内绘有伊比利亚半岛的地图，地图中央标着"0 公里"的字样，这里可是西班牙全国公路里程碑的起点，此外，太阳门广场还是马德里市门牌号的起点。作为首都，马德里可以称得上西班牙的中心，而位于马德里中心的太阳门广场

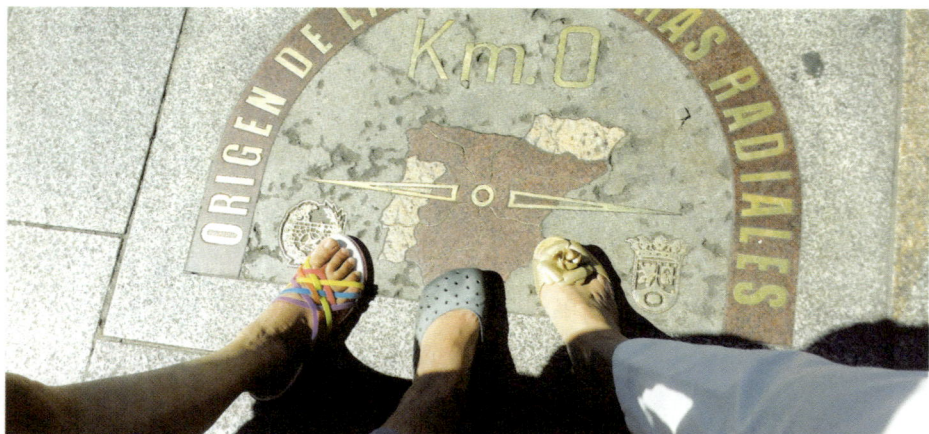

西班牙全国公路里程的起点。

就是西班牙中心的中心，具有极高的象征意义，因此，来这里拍照是必不可少的。

草莓树上的小熊
美丽的城徽，美好的故事

在太阳门广场有一座花坛，坛内树立着一座攀依在草莓树上的小熊的青铜塑像，这是马德里的城徽，也是马德里的标志。在这个标志的背后，还有着关于马德里的一段有趣传说呢。

原来马德里在西班牙语里是"妈妈快跑"的意思。传说很早很早以前，有一天一个小男孩跟妈妈出来玩，他很淘气，玩着玩着就远离了妈妈。正当他想往回找妈妈的时候，忽然碰到了一只棕熊。小男孩撒腿就跑，棕熊在后面紧追不舍，情急之中，小男孩蹭蹭几下爬上了一棵大树。

TIPS 穷游小贴士

a. 马德里的阿托查火车站十分美丽，很值得拍照留念

b. 对马德里的历史文化做一些了解，可以更好地感受马德里的内涵

c. 若是足球迷，在马德里买一些足球纪念品再好不过，且极富纪念意义

6月29日

15:06~16:55	17:30~19:30
科尔多瓦（Cordoba）—马德里（Madrid）	酒店—马约尔广场（Plaza Mayor）—太阳门广场（Puerta del Sol）

他刚在大树上喘了几口气，忽然听到了妈妈的喊声，原来妈妈在找他。可是树底下的那头棕熊正在寻找自己呢。妈妈看到这个场面，肯定要来救自己的，那棕熊就会去伤害妈妈……想到这里，小男孩在树上冲着妈妈大声疾呼："妈妈快跑，妈妈快跑！"有人说他的喊声引来了猎人，有人说他的喊声吓跑了棕熊，不管有多少说法，这个勇敢的男孩给这座城市留下了一段美丽的传说。

马德里建筑
新古典主义建筑展

第二天，沿街参观了一些目不接暇的漂亮建筑。首先来到了普拉多（Prado）美术博物馆。这座美术馆被认为是世界上最伟大的博物馆之一，也是收藏西班牙绘画作品最全面、最权威的美术馆。该馆收藏以宗教和宫廷绘画为主，也有雕塑和装饰艺术。我被美术馆藏品的琳琅满目所震撼，内心的景仰之情久久不能平息。

从美术馆出来，我去了丽池公园，丽池公园因园内有许多重要的纪念碑而出名，此外，公园内还建有两座宫殿：玻璃宫和委拉斯盖兹宫。其中以玻璃宫尤为壮观，整个建筑以铁和玻璃为材料而建，其建筑之精美很难让人觉得这是十九世纪末的产物。

结束了丽池公园的游览后我去了大地女神广

普拉多博物馆是世界上最伟大的美术博物馆之一。

6月30日

07:00-19:00

普兰多（Prado）美术博物馆—丽池公园—大地女神广场—西班牙广场—西班牙皇宫

6月29日

9:55-10:15

马德里（Madrid）—里斯本（Lisbca）

有着浓郁西班牙风格的丽池公园。

场，广场周围是新古典主义建筑群、大理石雕塑和喷泉，具有浓郁的西班牙风格。广场不时有三五成群的足球迷经过，穿戴装饰都是自己喜爱的球队，原来，这里还是马德里足球队庆祝比赛胜利的地方，难怪会吸引这么多的球迷。

之后我还去了欧洲第三大皇宫——西班牙皇宫，皇宫建于 18 世纪中叶，豪华壮丽程度在欧洲各国皇宫中堪称数一数二，算得上是世界上保存最完整而且最精美的宫殿之一。透过一扇扇高高的拱门，马德里城池近在眼下。进入内部参观，王宫装饰精美华丽，珍藏高贵典雅。内墙上的刺绣壁画及天花板的绘画保存情况相当好。

如今西班牙皇宫已被辟为博物院，专供游人参观。皇宫的对面是西班牙广场，它的正中央起立着文艺复兴时期著名的西班牙文学大师、《堂·吉诃德》作者——塞万提斯的纪念碑。纪念碑的下面是堂·吉诃德骑着马和仆人桑丘的塑像。塑像的后面喷泉如注、白鸽飞翔，非常美丽。

足球
马德里双雄会

毫无疑问，西班牙是足球的国度，而随着近些年西班牙足球登上巅峰，人们对于足球的热情有增无减。皇家马德里和巴塞罗那两支俱乐部长期统治着西班牙足坛。但随着马德里竞技俱乐部的强势崛起，打破了传统两强争天下的局面，在西甲赛场形成三足鼎立。而皇马和马竞的同城德比战，也一跃成为世界上关注度最高的比赛之一。

在马德里这个充满了丰富历史和文化底蕴的城市中，不诞生足球几乎是不可能的。马德里足球从它出世的第一天起就生长于远离贫困的温床，一位富裕的加泰罗尼亚商人加上一批不愁钱的职员和学生，就这样，皇家马德里出现在这座城市今天而言地皮最为昂贵的查马丁区，而且很快围绕在这个球队周围的都是一群抽雪茄的胖人，直到有了皇室的封号。从此，皇家马德里就成了这座城市的第一足球品牌。

我的住宿【6月29日—7月1日】

a 居 住 在 Hostal La Jerezana
（No.373327455）

地址：De La，Cruz，26，01，Centro Madrid，28012，西班牙

电话：+34915319327

费用：30 欧元，2 晚

场面火爆的马德里德比。

皇家马德里的主场伯纳乌球场位于马德里的钻石地带，周围被金融、商业区和密集的高级公寓环绕，而这一片繁华只延伸到在丰收女神所在的西贝雷斯广场，从这里进入马德里南部，等于进入了1个世纪前的记忆，市政府的严格规定使得城市旧区完好地保留下来。

与伯纳乌球场的处境截然不同，当穿过那些狭窄的街道，路过那些破旧的老房子，与那些相对比较艰难的人们相遇的时候，马德里竞技的主场卡尔德隆球场就快出现了。这里没有直达地铁，只有公交，绝大多数的人只能徒步。于是，每每比赛前，徒步大军往往是当晚一道最为迷人的风景线。

毫无疑问，马德里是足球的圣地之一，每周都有足球政客、名流、经纪人、球星抵达马德里。马德里还有专门为球星提供深造机会的卡洛斯三世大学，搏力管理学院一年一度的体育论坛是一个很好学习的机会，塞乌国际大学也经常邀请国际足球名人讲座。此外，马德里是足球新闻的集散地，在这里，体育电台的收入最高，可以说，马德里需要足球，足球也需要马德里。

壮观的皇家马德里主场伯纳乌球场。

POR葡萄牙
TUGAL

伊比利亚山水风情

这座欧洲古国濒临大西洋，舒适宜人的气候和生活状态，让人几乎忘记了几百年前大航海时代扬帆起航的雄壮。这里的人们热爱大自然，享受着伊比利亚半岛的悠闲。优良海港绽放最纯粹的蓝，历史遗迹诉说过去的故事，来一杯葡萄酒，看一场足球赛，在伊比利亚的海风中，忘记时光的流动。

里斯本 Lisboa

感受大航海时代之光影

　　里斯本（Lisboa）是葡萄牙首都，全国最大的海港城市、政治和文化中心。市区面积 82 平方公里。人口约 56 万，位于欧洲大陆的最西端，伊比利半岛的特茹河河口，靠近大西洋，是典型的海洋城市。里斯本气候良好，全年大部分时间风和日丽，温暖如春，舒适宜人。城北为辛特拉山，塔古斯河流经城南入海，河口宽阔，远望一片汪洋，夕阳斜照，闪烁万道金光，里斯本人称之为"稻草海"。

　　从马德里到里斯本只需要 1 小时 20 分钟左右的飞行。到达里斯本时，第一件事就是购买一张 Aero Bus 票，花费了 3.5 欧元。Aero Bus 票的好处是 24 小时之内使用均有效。

　　我对里斯本充满了期待，放好行李，来到庞巴尔侯爵广场 728 路巴士站台，乘车去白色古堡贝伦塔和航海纪念碑周边一带。最先引入眼帘的，是气势宏大的杰洛尼莫修道院（Mosteiro dos Jeronimos），修道院属曼努埃尔式建筑，白色的墙壁上有着时间留下的印记，雕琢精细的雕塑装饰着整座修道院的大门和外墙，还有高高耸立的十字架和塔楼。1775 年里斯本大地震，整个城市毁于一旦，唯有这个修道院安然无恙。

贝伦塔
美若仙境的航海起点

沿河边往前走，就到了贝伦塔。

贝伦塔是一座有着近 500 年历史的古城堡，是葡萄牙有名的地标，也是里斯本的象征，它见证了里斯本昔日曾有过的辉煌。这座古老的建筑不仅见证了葡萄牙光辉历史，它独特的建筑风格和特殊的地理位置使得世界各地来此的旅游观光者络绎不绝，是里斯本最上游客镜头的一个风景点。贝伦塔曾经被用作海关、电报站、灯塔，也曾利用贮藏室

世界文化遗产——葡萄牙贝伦塔。

充满艺术气息的里斯本城区广场。

a 订廉价航空 easyjet 从马德里飞里斯本，价格差别很大，多看看碰运气，说不定可以拿到价格很低的票。

b 乘坐廉价航空 easyjet、瑞安航空需注意：到机场柜台或自己打印登机牌。持中国护照需要在柜台盖章（托运的地方，或者售票处，不同机场不同要求）。不打印登机牌的要付 40 欧元。行李每人限带 1 件，尺寸不超过 55cm×40cm×20cm，重量不超过 10kg。双肩包、手提包、公文包、笔记本电脑、免税商品购物袋等也含在内，须全部装在一件行李内，如果多一个包要付 50 欧元（照相机、小挎包、头枕、书、少量水果可以随身携带）。廉航网站：http://www.easyjet.com/cn/

c 里斯本的餐馆主要集中在罗西欧广场和步行街一带。菜以海鲜为主，各种鱼虾应有尽有。餐馆一般把价目单贴在或挂在门外，明确实价，以便人们选择。

d 里斯本城区范围不大，庞巴尔侯爵广场、CHI-ADO 广场的步行街是里斯本人日常休息的好去处。圣胡安电梯和圣乔治城堡是俯瞰海边之城全貌的不二选择。

e 里斯本的街边小店都装饰得充满艺术气息，店内的招牌果汁基本上都是橙汁、黄瓜汁、柠檬汁，味道很棒。

f 市中心可以看到最有名的 28 路有轨电车，是一辆很漂亮的老式电车。

g 葡萄牙比西班牙晚一个小时，比中国晚七个小时。

7月1日

09:55-10:15	11:00-15:00	15:00-17:00
马德里（Madrid）—里斯本（Lisboa）	杰洛尼莫修道院（Mosteiro dos Jeronimos）—贝伦塔—航海纪念碑	逛商业广场—萨拉扎尔大桥

我的交通 （7月1日）

a. 马德里（Madrid）乘坐廉航 easyjet 飞往里斯本（Lisboa）

b. 乘机场一线（Line 1 Century City）上车买 Aero Bus（机场巴士）票，到达罗西欧广场，3.5 欧元

改造成地牢作为监狱。在大航海时代，这里是航海家们的起点。

如今它已被辟为博物馆，首层还陈设有当年的大炮和炮台。虽名为贝伦塔，但是它更像一座小型的碉堡镇守在河岸边。贝伦塔全部用大理石打造，每当潮涨潮落，顶部的塔楼漂浮不定，美若仙境。

航海纪念碑就伫立在贝伦塔的旁边。纪念碑外形如同一艘展开巨帆的船只，碑上刻有航海王子亨利及其它 80 位水手的雕像，两旁是一些随同出发的航海家，以及历史上有名的将军、传教士和科学家雕像，非常的有气势，以纪念葡萄牙 300 年来开拓海洋的光辉历史。

纪念碑的背后是个大型十字架，欧洲建筑常常会将宗教信仰结合艺术融入建筑设计，航海纪念碑也是如此。碑前的地上刻有一幅世界地图，上面刻有发现新大陆的日期。在纪念碑下眺望附近的景色和海港风貌，极其明媚动人，也更具有历史意义。

商业广场
昔日繁华已逝，而今依然荣耀

参观完贝伦塔，我坐车前往商业广场。对于从中国来的我而言，商业广场实在太小了，只相当于一个县城中心广场的面积，但谁能料到，这里曾经

对足球抱着狂热崇拜的球迷们。

航海纪念碑，遥想当年伟大的大航海时代。

昔日最负盛名的商业广场。

是世界上最繁忙的港口和交易中心。

商业广场这一带是由葡萄牙总理于 1755 年大地震后所规划设计的，商店林立，是里斯本名符其实的商业中心。据当地人介绍，商业广场是里斯本的正式入口处，是进入市中心的标志。连接商业广场向北的是奥古斯塔文化街。中间要经过胜利之门，门上肃立着葡萄牙历史上的英雄雕像，并刻有"荣耀为天赋和勇气加冕"字样。

商业广场的大屏幕正在直播足球赛，好几百人席地而坐看球赛，非常的热闹。广场旁就是水天一色的大海，蓝色的杜罗河上架着鲜红的萨拉扎尔大桥，长 3018 米，中心跨距 1013 米，为欧洲最长的吊桥。人们围坐在特茹河边，看着这宽广的河面，听着涛声冲击河岸，懒懒地沐浴着落日的余辉，十分闲适安详。

因为第二天要前往辛特拉，所以我在里斯本没有待得太晚，但里斯本的美景让人怀念。

我的住宿（7月1日）

a. 住在里斯本的 Pensao Santo Tirso 酒店（No.695004024）

地址：Praca，D.Pedro IV 18，3 e 4 Lisboa，1100-200，葡萄牙

电话：+351213470428

费用：30 欧元，2 晚

辛 特 拉 Sintra

灿烂的伊甸园

辛特拉王宫
葡萄牙王室的避暑山庄

　　早上在里斯本的酒店厨房吃了自己煮的海鲜稀饭，就带着面包和水果前往火车站。前往辛特拉的火车停靠的是罗西欧（Rossio）火车站，火车站外形呈8个蛋形，很像宫殿，漂亮、古典而精致。火车站二楼的售票窗口就是往返里斯本与辛特拉之间的火车以及辛特拉市内公交和去卡斯凯尔斯的公交一日票售票口，早上7:30开门，只售当天票。

　　买好票之后，我便乘火车前往葡萄牙最南端的辛特拉（Sintra）。辛特拉因位于辛特拉山下而得名，是拜伦笔下的"乐土"：富饶、美丽、奇异、隐蔽。这个美丽的山城小镇是葡萄牙有名的旅游胜地，摩尔人城堡壮烈的美，佩娜宫奇丽的美，罗卡角的波澜壮阔，卡斯凯尔斯的恬淡安逸，大自然的给予和人类文明的创造融合在一起，是名符其实的"灿烂的伊甸园"。

我的交通 （7月1日）

a 里斯本（Lisboa）乘火车前往辛特拉（Sintra），13.5 欧元，包含辛特拉市内公交和去卡斯凯尔斯的公交

b 乘环线单向行驶的 434 路：辛特拉火车站—王宫—摩尔人城堡—佩娜宫—辛特拉火车站

c 403 路公交：辛特拉火车站—罗卡角—卡斯凯尔斯

辛特拉王宫标准性大烟囱。

从辛特拉火车站出来，能看见不远处的 434 路公交车站牌，乘坐 434 路公交车，第一站便到了辛特拉王宫。

辛特拉王宫（Palacio National de Sintra）俗称牛角宫，它独一无二的标志便是御膳房的两根高大的烟囱。辛特拉王宫曾是摩尔人首领的住所，1148 年葡萄牙的第一位国王夺取了里斯本，这个宫殿就成了葡萄牙国王住所，也成为了他的避暑宫殿。直到 1910 年葡萄牙的君主政体被取消为止。在王宫环顾周围美景，"大烟囱"和周边的环境相得益彰，山坡上下的风光都很漂亮。

佩娜宫
为爱情而建的心血结晶

离开了辛特拉王宫，之后乘车去摩尔人城堡，从入口进入以后顺着路牌的指示非常顺利地就走到

了城墙下。参观城堡的人很少，顺着石头铺成的楼梯走上观望台，观望台上视野宽广，极目远眺，伸开手臂，感受风从身边、从脸颊旁、从指间穿过，这种感觉让人享受。

视线的尽头，缓缓起伏的山抵着低低的云，往另一个方向就能看到不远处的佩娜宫，宫殿像一朵美丽的花绽放在近旁的山腰上。城堡上风雾交加，但还是能看到在欧亚大陆最西端的边陲至今保存的摩尔人留下的防御工事。在蓝天白云映衬下，山顶上的城墙显得十分雄伟，这让我想起了万里长城，蜿蜒巍峨，煞是壮观。

从城堡出来，乘车沿盘山公路慢慢上升。这是一段又高又长的崎岖山路，开了很长时间，终于到了 500 米海拔的地方。佩娜宫掩映在绿树葱笼中，是不规则的建筑，看起来随心所欲，却又整齐壮观。

7月2日

08:00－08:35	08:35－12:00	12:00－17:00	18:00－18:40
里斯本（Lisboa）—辛特拉（Sintra）	辛特拉王宫（Palacio National de Sintra）—摩尔人城堡—佩娜宫	罗卡角—卡斯凯尔斯。	辛特拉（Sintra）—里斯本（Lisboa）

TIPS 穷游小贴士

a. 里斯本、辛特拉之间的往返火车票以及辛特拉市内公交和去卡斯凯尔斯的公交一日票 13.5 欧元，可以乘坐火车从里斯本前往辛特拉，然后用这张票在辛特拉坐汽车：

434 路：辛特拉火车站—王宫—摩尔人城堡—佩娜宫—辛特拉火车站（环线单向行驶）

403 路：辛特拉火车站—罗卡角（往返都停靠罗卡角，要看清方向）—卡斯凯尔斯

b. 辛特拉王宫门票每人 9 欧元，摩尔人城堡和佩娜宫的通票 18 欧元。

c. 罗西欧（Rossio）火车站在里斯本的市中心，是世界十大最美火车站之一，8 个蛋形像宫殿一样的拱门是它的亮点。火车站一楼的星巴克非常有情调，舒适的沙发、柔和的灯光，伴着香气扑鼻的鲜花，让人很难相信自己身处繁忙的火车站。

d. 手表需要调到里斯本时间，否则在辛特拉频繁换乘巴士会误事。

e. 葡萄牙有些餐厅会有宰客的情况，小心一点问题就不大。

佩娜宫建于 1840 年前后，距今已过一个半世纪，是当年葡萄牙女王玛利雅二世的丈夫费迪南德为爱情而建的心血结晶。这座兼具了哥德式、文艺复兴式、摩尔式及曼努埃尔式等多种建筑风格的完美建筑，是迄今为止葡萄牙规模最大的古罗马建筑。1995 年，佩娜宫被列为世界文化遗产。

来到这里就如同来到了童话故事里的王国宫殿，古怪精灵的建筑，色彩斑斓的房子。走进佩娜宫的内部，才能感受到它的富丽堂皇。每一个房间，都陈列着当时王室所用的家具和设备，包括来自日本、印度的装饰品和来自中国的瓷器。我在佩娜宫里来回拍照，不亦乐乎。

结束了佩娜宫的参观，回到辛特拉汽车站，再去对面的车站坐 403 路车到罗卡角。罗卡角处于葡萄牙的最西端，是整个欧亚大陆的最西点。它的山崖上有一座灯塔和一座面向大西洋的石头十字架，碑上用葡萄牙文刻着诗人卡蒙斯著名的一句话："陆

佩娜王宫每一个拐角处都有着别样的美。

止于此，海始于斯。"灯塔在风中竖立了几百年，见证了葡萄牙曾经的辉煌与霸气。

从罗卡角坐车到卡斯凯尔斯，当我走出车站，便感受到一股淡雅高贵的气息迎面而来。小巧整洁的街道房屋、热烈火爆的咖啡吧、熙来攘往的大街小巷和穿着得体的高雅人们使这座小镇独具自己的特色。我想，若有机会一定要在这里住一晚，与这座小镇近距离接触，充分感受海滨小镇的魅力。

从卡斯凯尔斯乘坐 403 路车到辛特拉火车站，最后用这张票坐火车从辛特拉回到里斯本，结束了辛特拉之旅。今天的行程很满意，我发现我越来越爱这座历史悠久的美丽海滨城市了。

佩娜王宫，有着无与伦比的美丽。

波尔图 Porto

触摸老城的厚重感

　　早上起了个大早，从里斯本圣波洛尼亚（Santa Polonia）火车站，乘火车去波尔图（Porto），沿途需要约三个多小时的时间，于是就在火车上把午餐解决了。

　　从波尔图火车站到酒店办理入住后就抓紧出门了。这个城市绝大部分都是用大大小小的石头铺就的道路。大部分石头都是彩色的，有的还拼出很多花色，让人感觉很经典，很有历史感。

　　沿街的老式建筑多采用青色瓷砖装饰外墙和图案，不仅容易保持色泽的光亮，还能保护建筑物不受风吹雨打。波尔图不像里斯本那样遭受过大地震，所以他们的古建筑保存完整，并且都集中在老市区。

　　波尔图的主要景点有四个：一个是由市政大楼及周边建筑、大广场和广场

我的交通 (7月3日–7月4日)

a. 里斯本圣波洛尼亚（Santa Polonia）火车站乘火车去波尔图（Porto），30 欧元

b. 波尔图圣本图（Sao Bento）火车站乘火车往返布拉加（Braga），往返 6.7 欧元

c. 布拉加 2 路公交车（单程 1.5 欧元）到埃斯毕尼奥山，登山车（往返 2 欧元）到仁慈耶稣朝圣圣地（Bom Jesus do Monte）

d. 波尔图（Porto）乘飞机前往日内瓦（Geneva），23 美金

雕塑合围而成的景观，一个是牧师塔，一个是路易斯一世大钢桥，还有一个是大教堂。

我首先去了牧师塔。牧师塔是波尔图市中心的绝对地标式建筑。它的高度决定了它是城市最好找的景点，在老城各个角度，都能看到这座高塔，它就像一个"定海神针"一样，为我指引着方向。牧师塔是我来到这座城市后第一个被吸引的古建筑，由于它的突出，当年来往波尔图的船只总是把它当做灯塔和波尔图的符号。如果想把波尔图老城区所有美景尽收眼底，那么牧师塔塔顶就能实现这个愿望。

牧师塔下是一座同名的 18 世纪巴洛克风格的教堂，高高的钟楼和礼拜堂建筑非常精美壮观。站在教堂门口远眺，各式各样的古建筑林立在起伏的山路两旁，不少建筑的外立面还镶嵌着具有葡萄牙风格的青花瓷。

葡萄牙人对青花瓷器的喜爱到了痴迷的地步，随着大航海时代的到来，东方的珍贵文物出现在了欧洲。从中国运来的瓷器价值甚至超过了黄金，成为地位和财富的象征。在这种情况下，欧洲掀起了仿制中国瓷器的热潮。但是复杂的制瓷技术使得工艺上基本上勉强可以达到高水平的只有葡萄牙的瓷砖画。

很长一段时间，瓷砖画是上流人士身份的象征，只有权威的统治者或者高级宗教场所才能用得起，而且装饰的瓷砖越多，越能体现其不凡的地

7月3日

09:35 – 12:40	14:00 – 17:00
里斯本（Lisboa）—波尔图（Porto）	市政广场景区—牧师塔—大教堂—路易斯一世大钢桥

7月4日

07:10 – 08:00	08:00 – 11:00
波尔图（Porto）—布拉加（Braga）	乘 2 路公交—埃斯毕尼奥山—登山车—仁慈耶稣朝圣圣地

"骑士"守护着大教堂。

位，在牧师塔的周围也有不少有青花瓷作为饰面的建筑物。

之后，我去了著名的大教堂。建在波尔图最高点的大教堂是游人必去的地方之一。大教堂入口处有一位装甲骑士守护着这个神圣的地方。沿着骑士引导的方向来到主教堂门口。教堂十分的简朴，但它目前还按时举行着各种当地的宗教活动。这座 12 世纪罗马式的建筑，见证了许多历史性时刻。大教堂修建的时候，最主要的考虑因素是防卫，当时的技术不容许修建很多窗子，教堂内部的装修也是以实用为主，虽然历史上经过了多次的整修，但是内部的装饰依然华丽而又具有历史风格，颇为壮观。

11:00 - 12:00	12:00 - 14:00	14:00 - 14:30	15:00 - 16:00	19:25 - 22:35
仁慈耶稣朝圣圣地—老城区解决午饭	老城区—耶稣教堂	耶稣教堂—火车站	布拉加（Braga）—波尔图（Porto）	波尔图（Porto）—日内瓦（Geneva）

波尔图的标志性景观——雄伟的
路易斯一世大钢桥。

我的住宿（7月3日–7月4日）

住在波尔图的 Residencial Henrique VIII 酒店（No. 695036923）

地　址：Rua Duque de Loulé, 168, Se Porto, 4000-324, 葡萄牙

电话：+351222006511

费用：13 欧元

我最喜欢的还是路易斯一世大钢桥，大钢桥也是波尔图的标志性景观。其实这座大桥的设计师世界闻名，他就是设计了埃菲尔铁塔的设计师埃菲尔。大钢桥设计于 1881 年，桥分为上下两层，上层过地铁，下层通汽车，两层都设计了人行道，供游人欣赏杜罗河的美景。

平视这座铁桥，它的桥拱与埃菲尔铁塔有几分相似，只是名气没有埃菲尔铁塔那么大。雄伟的桥梁横跨在杜罗河上，有轨电车在两岸穿行。杜罗河两岸风光秀美，沿岸摆满了露天吧台。对岸主要是酒厂和酒窖，借助旅游业的发达和水运的便利而蓬勃发展。波尔图是座非常美丽的城市，这座城市坐落峡湾、靠近大海，古老而浪漫，非常值得细细品味，让人流连忘返。

布拉加
感受宗教中心的庄严肃穆

早餐之后，我去圣本图（Sao Bento）火车站前往布拉加（Braga）。圣本图火车站是世界十大最美火车站之一，尤其是站内的墙壁上，有很多大幅的马赛克拼画，气派而美丽。在售票窗口买了波尔图

布拉加，悠闲的人们遍布城市广场。

蓝色天空下的修道院建筑，有一
种无法言语的对称美。

TIPS 穷游小贴士

在葡萄牙每个火车站、地铁站的入口闸机处都有工作人员，他们目不转
睛地注视着人们的出入，只要一看见人们遇到困难时都会非常迅速地跑过
来仔细询问，热情解决，让人感动。

里斯本四大火车站：圣波洛尼亚（Santa Polonia）、蔡斯做索德雷（Cais
dc Sodre）、罗西奥（Rossio）、里斯本东方火车站（Orient Station）。
从里斯本到波尔图是圣波洛尼亚站，不要走错了。

从里斯本去波尔图的火车，上车虽然没有人检票，但途中一定会有人查
票的。和我同车的一位女士就被重罚了，记得不要投机取巧。

波尔图城市路面多由石头铺成，凹凸不平，应该穿厚底的护脚的鞋比较
好，否则眼睛享受脚板受罪。

参观大教堂是免费的，但要上钟楼需交 2.5 欧元。

波尔图的地铁站是没有门的，只有几个电磁感应器，要把车票在那里感
应一下，否则就不算买了票，千万不要大意。

往返布拉加的火车票，乘早班火车去葡萄牙北部重镇和宗教中心。

到达布拉加（Braga）火车站之后，在火车站门口的公交站台乘2路公交车（单程1.5欧）到终点站——位于郊外5公里的埃斯毕尼奥山，再乘登山车（往返2欧）到达仁慈耶稣朝圣圣地（Bom Jesus do Monte）。作为宗教中心的老城区，有很多教堂和礼拜堂，最著名的是山上的耶稣教堂（Bom Jesus）。

这里长长的台阶非常有气势，喷泉精美而壮观，站在俯瞰平台上，可以眺望整个城区的风光。相比于城区里的教堂，Bom Jesus 算得上一个浩大的工程。厚重古老的大门显示了这里的庄严肃穆，长长的台阶建在林中，台阶的拐角处都建有一个古朴的礼拜堂，经年累积下来的青苔已经让它们完美地融合在树林之中。这段隐藏在林中的台阶就是供奉苦路，每个拐角处的礼拜堂里面都供奉着耶稣受难陶瓷制雕像。

参观完了布拉加，我恋恋不舍地乘火车回到了波尔图。在回程的路上，我想，若是今后有精力，我一定会花更多时间来感受这闲适的伊比利亚海滨城市。

如同花园城市般的布拉加。

SWIT瑞士
ZERLAND
风光绝美的国度

这个面积仅仅四万平方公里的小
国里，星罗棋布的盘踞着山川、河流、湖泊、森林，
它与世隔绝的美丽让人联想到童话世界中的国度。在瑞士
乡村寻找梦中桃源，在中世纪古堡发掘绮丽旧梦，用阿尔卑斯山的纯
净与明媚，迎来每一个宁静悠远的夜晚。

日内瓦 Geneva
标准的国际现代化都市

从波尔图出发，飞机准点到达瑞士日内瓦。因为瑞士的物价非常高，所以在瑞士的3个城市都住青年旅舍，订的是六人间。办理入住手续后，旅店赠送一张免费乘车证，可以任意乘坐市内公交。

莱蒙湖
美丽安静的自然风光，如诗如画的浪漫情调

日内瓦是瑞士境内国际化程度最高的城市，因为有众多联合国机构，又是个旅游城市，各种人种随处可见。

这里的自然风景也让人神往，美丽的莱蒙湖是西欧最大的湖泊，法拉山和阿尔卑斯山近在眼前。市内，公园星罗棋布，湖畔鲜花遍地，美不胜收。无论在罗纳河和莱蒙湖上游泳嬉戏，还是在郊外骑马、骑自行车或散步，或在邻近的阿尔卑斯山区、法拉山区滑雪等等，对热爱大自然和体育的人来说，日内瓦

都是最理想的地方。

我住的青年旅舍离莱蒙湖很近，沿着湖滨大道漫步，周围景色非常美。莱蒙湖不止以自然景观闻名。沿湖远眺，两旁的商店民宅都是风景。受文艺复兴影响，瑞士的许多房屋都有浓烈的巴洛克风格，更有法国的古典主义情调。低矮的山坡上树木茂密，房屋穿插其中。每一间房屋都有精致的建筑装饰，内部构造紧凑而别致，多为一楼商店，二楼居家的格式。据说，爱因斯坦当年旅居瑞士的房子就是这样的格局呢。

日内瓦老城
景观艺术化，自然人文亲密和谐

这里是人文和自然和谐共处的地方。

上岸走进位于日内瓦老城区域游览。穿过老城门，走过狭窄的街道，先到悬挂欧盟旗、瑞士国旗和日内瓦州旗的市政厅参观。

我的交通 [7月4日—7月6日]

a. 波 尔 图（Porto）(19:25)乘飞机到日内瓦（Geneva）(22:35)，23 美金

b. 日内瓦市内交通，免费乘车证

c. 日内瓦（Geneva）—洛桑（Lausanne）—伯尔尼，open 票 49CHF

极为壮观的杰特喷泉。

之后又回到湖边，几乎在任何地方都能看到擎天的水柱，宛若鲸鱼喷出的水柱，喷涌高度足足有几十米，很壮观，阳光下能看见彩虹！这就是日内瓦最具代表性的景观大喷泉——杰特喷泉，以工程师的名字命名，位于英国公园附近。

这件动感十足的人造艺术品喷射的水柱可达150 米，是欧洲第一喷泉。阳光下完全散开的水柱如旗帜般挥舞，又好似一片彩虹。每个路过这里的游客，都会停下来感受这份不一样的清凉和雄伟。

欣赏了一会喷泉，一路走向日内瓦的著名景点英国花园花钟。它坐落于莱蒙湖畔，英国花园的西边。鲜花与钟表的结合更彰显日内瓦"钟表之都"的美名，也因此成为了日内瓦的象征。

虽然在瑞士的其他城市也能见到花钟的身影，但日内瓦的花钟才是真正的花钟始祖。花钟直径 5米，钟表的机械结构是设置于地下的，地面上的钟面被鲜嫩翠绿的芳草和鲜花覆盖，代表 12 小时的阿拉伯数字则是由浓密的火红花簇组成。花钟每四年更换一次，如果钟面开满了鲜艳的花朵，则 12 小时的阿拉伯数字会换成平整的绿茵，而当钟面的鲜花盛开期过后，则会改种另一种鲜花，使钟面形成新的图案。

这便是瑞士最吸引人的地方：自然景观的艺术化。在别的地方，这或许就是一个花园，一块湖

7月4日	7月5日		7月6日
19:25-22:35	08:00-10:00	10:00-12:00	12:00-18:00	07:10-07:50
波尔图（Porto）—日内瓦（Geneva）	莱蒙湖—湖滨大道	日内瓦老城	杰特喷泉—英国花园—花钟—万国宫—阿里亚纳公园—阿里亚纳博物馆—国际红十字博物馆	日 内 瓦（Geneva）—洛桑（Lausanne）

花团锦簇，异常芬芳的花钟。

TIPS 穷游小贴士

▌ 在瑞士只能用瑞士克朗。可用
华夏银行有银联标识的借记卡，
在日内瓦机场有银联标识的柜员
机上取瑞士克朗，每天取的第一
笔免手续费。

▌ 大家通常称日内瓦湖为莱蒙湖，
只有在日内瓦，才有一些人叫它
日内瓦湖。在日内瓦之外的其他
地方，与人聊天的时候说日内瓦
湖的话，有可能会引起一些小的
不愉快，需注意。

▌ 要小心日内瓦有很多假退税商
店，而且瑞士不执行欧盟规定，
在边境必须盖章，否则不退税。

泊。但是在瑞士，每一处风景都变成了艺术，虽不奢华却别具匠心，你能在每一处风景里找到设计者的独特构思，让自然和人文更显和谐。

乘车来到万国宫（Palace of nations），眼前的场面非常壮观，几乎所有国家的旗帜迎风招展，五颜六色，非常漂亮。门外大喷水池的广场上一把巨大的三条腿椅子雕塑吸引了我的视野。

这把大木椅子12米高、5吨重，它是1997年国际残联呼吁人们关注战争中地雷对平民造成的伤害而建立的纪念雕塑。在如此富饶美丽的地方用如此带有伤残尊严的文学艺术作品警示人们渴望和平的期盼，非常令人难忘。难怪那么多人会慕名而来，中立国瑞士代表的正是世人心中所向往的和平、美丽的世外桃源。

　　沿着阿里亚纳公园到阿里亚纳博物馆和国际红十字博物馆，之后乘车回到市中心，虽然物价高，但不是所有东西都贵，比如日用品和电器方面，很多商品都比国内要便宜。

　　晚上在莱蒙湖边散步，湖水非常清澈，用什么语言也表达不出沿着湖边散步的恬淡心境。远处白帆点点，阿尔卑斯山脉在不远处时隐时现，美得让人心醉。

万国宫前五颜六色、迎风招展的国旗大集合。

洛桑 Lausanne

触摸奥林匹克痕迹

　　在日内瓦青旅吃过早餐之后，步行十来分钟到中央火车站，乘 07:11 的火车前往洛桑。大约 35 分钟后火车到达洛桑。到洛桑车站后将行李寄存在需要投硬币的车站行李房。出了火车站，一眼就看到建筑外有奥林匹克五环标志。市内很宁静，第一印象让人感觉很宜居。据说这里居住着世界上比较富有的人群。

　　洛桑左右皆是高山。阿尔卑斯山脉将它和法国隔开，而欧洲第一高峰蒙特·博朗峰（Mont-Blanc）也坐落于此。但是，洛桑给我们留下最深的印象，还是奥林匹克的痕迹。1915 年，因为第一次世界大战爆发，国际奥林匹克委员会（IOC）迁往洛桑。眼前这朴实无华的古典建筑和旁边那简洁的钢铁玻璃建筑竟然就是国际奥林匹克委员会办公楼。久远的历史让人叹服，漫步园内，随处可见与奥运会相关的男女青铜雕塑。那充满动感的身形，积极向上的态度，无不展现了运动之美。

　　火车站对面有一个不是很陡的小坡，走上去远远就能看到瑞士最美的大教堂——圣母大教堂，这也是洛桑象征性建筑物，大教堂外观采用威风凛凛的哥特式风格。教堂免费对外开放，我进入内部参观，里面用壁画记载了圣母玛利亚的一生。站在教堂外的围墙上可以俯瞰整座城市，还可以远望雪山和莱蒙湖。我觉得洛桑的景色比日内瓦恬静许多，也更胜一筹。

回到刚刚路过的桥头，就有升降机直通地铁站。乘坐地铁前往 Ouchy 码头站。出了地铁就是一个很大的港口，私家小艇密密麻麻但秩序井然地排列在港内，湖面上游着许多天鹅。沿着莱蒙湖行走，到处都是鲜花雕塑，不多久就到达奥林匹克总部。沿着石阶，每级都刻着知名运动员的名字，圣坛上的圣火永不熄灭。这座楼已经成为奥林匹克博物馆，周围都是奥运会各个比赛项目的雕塑。

接着我按原路返回到洛桑火车站，取了行李，继续使用 open 票乘 12:50 的火车 13:56 到达瑞士首都伯尔尼。

蓝天下的洛桑静谧而优美。

矫健的运动员，代表着自由和运
动的精神。

a 洛桑中央火车站（Pl. de la Gare Central）位于市中心，乌契区和老城
区交界处，可乘2路公交车或地铁前往市区各地。火车站内有免费的列
车时刻表与洛桑旅游指南，为游客提供详细的旅游资讯，还可以到站内
的旅游咨询中心（Tourisme offices）获取相应信息。

b 洛桑中央火车站（Pl. de la Gare Central）免费提供各类国内、国际旅
游线路和时刻表。各班次列车协调运作，无论你乘坐境内还是国际列车，
换车极为方便，时间更是衔接恰当，绝不会让你紧张地来回奔跑、追赶，
也不会让你为转车而苦苦等候，除非由于自身原因错过时间。

c 瑞士及周边欧洲国家的铁轨早已是全程无缝钢轨，列车全部电气化，坐
在沿轨飞驰的列车上极是平稳，每节列车均分为吸烟室及禁烟室，境内
列车不设座位号可随意安坐。在各个大小不等的车站，都安置着自动售
票机，查询到目的站即可按所想乘的车厢等级及有无瑞士境内半价折扣
卡没入所需的纸、硬币即可获得自动打印的车票，打印时刻表免费。

在火车站旅游问询处的工作时间内，随时可以向工作人员免费索取洛桑
地图，有市中心主要线路图和全市道路图，按需要索取。一旁的资料栏
里夹着各种相关介绍，或许对你在洛桑的游览行程安排有所帮助。

d 市内交通免费。

7月6日

07:11—07:46	08:00—12:50	12:50—13:56
日 内 瓦（Geneva）— 洛 桑（Lausanne）	国际奥委会（IOC）—圣母大教堂—莱蒙湖—奥林匹克总部	洛桑（Lausanne）—伯尔尼（Berne）

伯尔尼 Berne

匆匆之旅，眼前一亮

我在伯尔尼呆的时间不算太长，因此也有些匆匆忙忙。

在火车上，我吃了之前准备的炒面作为午餐，配上果汁感觉还不错。伯尔尼火车站非常气派，车站出站口正对着一个大广场，交通井然有序，让人感觉这里规划得非常合理。

出了车站往右转，可以进入一条只有有轨电车和行人才能通行的街道，街上每隔几十米就有鲜红的柱子，柱子上有穿着民族服装演奏乐器的人的雕塑，栩栩如生，让走过的人感到眼前一亮。

7月6日			7月7日
12:50-13:56	13:56-15:00	15:00-18:00	09:04-09:59
洛桑（Lausanne）—伯尔尼（Berne），使用日内瓦—洛桑—伯尔尼 open 票，49CHF	车站—联邦大厦—伯尔尼青旅	伯尔尼青旅—伯尔尼城市风光	伯尔尼（Berne）—巴塞尔（Basle）

TIPS 穷游小贴士

a. 伯尔尼青旅住宿一张床位一晚
39 瑞士法郎

b. 市内交通免费

阿勒河将伯尔尼分为两半，西岸
为老城，东岸为新城。

往前走不远就来到了联邦大厦，联邦大厦是有
着绿色圆顶的建筑，在伯尔尼，无论走到哪里，都
能看到它别具特色的房顶。联邦大厦的右侧有免费
的迷你登山车到达坡底。虽然瑞士有许多可爱的交
通工具，但迷你登山车我觉得是其中最有意思的。
车厢是红色的，小小的车厢可以装下 12 个人左右。
铁轨上只有两节车厢，上下同时运行，在交会的地
方有一个椭圆形的轨道，剩余的轨道都是共用的，
设计得非常合理。由于坡道很陡，徒步行走非常麻
烦，因此迷你登山车给游客和当地居住的民众带来
了很大的方便。

从联邦大厦到达坡底往左走一小段就到达了伯
尔尼青旅。青旅坐落的地方被绿色环抱，两旁都有
大大的钢桥，十分壮观。办完入住手续，我返回联
邦大厦，以这里为坐标对城市进行游览。

我的交通 （7月6日—7月7日）

a 洛桑（Lausanne）（12:50）乘火车到伯尔尼（Berne）（13:56）

b 伯尔尼（Berne）（09:04）乘火车到巴塞尔（Basle）（09:59），open 票 39CHF

我的住宿 （7月6日—7月7日）

a 住在伯尔尼的青年旅社 Youth Hostel Berne（No. 599726318）

地址：Weihergasse 4，Berne，3005

电话：+41313261111

伯尔尼据说是熊的城市，走在街上，商店里有各种巧克力、饼干、纪念品，都是熊的形态，非常可爱。甚至在河的岸边斜坡上都有熊在活动，但完全不必害怕，这些可爱的熊的活动区域与人们的活动区域是隔离开的，而且熊的活动时间是有限制的，到了夜间，它们会被召唤回去。

游览结束后回到青旅，厨房里有一些现成的食物供我们烹调，很方便。在伯尔尼青旅里舒服地睡了一觉。第二天，我 6 点半就早早起床，整理完行李，在伯尔尼青旅用过免费早餐，8:00 离开酒店前往中央火车站，搭上 9:04 的火车前往巴塞尔。

山清水秀，伯尔尼美不胜收。

巴 塞 尔 Basle

边境小城的美丽风光

　　在伯尔尼青旅早早起床，我搭上 9:04 的火车前往巴塞尔。火车站出站，过马路一直向前走 5 分钟就能看到巴塞尔青年旅舍，可是当时未到办理入住手续的时间，于是我先把行李免费寄存在青旅，然后出门游览。

　　我沿着大街前行，巴塞尔的美丽的街景如画般映入眼帘。莱茵河支流沿着巴塞尔的道路缓缓流过，一座大桥横跨河上。走上桥，极目远眺，风光非常优美。顺着桥的阶梯下来，河岸边上都是公园，有鲜花和雕塑。

　　乘船来到河对岸，攀上高高的台阶就是大教堂。教堂庄严肃穆，里面的装饰严谨而精美，让人感觉无比的崇高伟岸。但因为时间原因，我只能外观。一直往前走，穿过大街小巷就到了集市广场。在逛集市广场的时候，在路边的小餐厅点了蔬菜沙拉和切片面包作为午餐，餐厅虽小，但味道一点没打折。吃完午饭，我兴致勃勃地参观市政大楼。市政大楼是巴塞尔的代表建筑，它是红色砂岩建筑，阳光下看起来鲜红。而大楼独特的塔楼建筑也成为了巴塞尔的标志性建筑之一。

7月7日				7月8日
09:04-09:59	10:00-12:00	12:00-13:00	13:00-17:00	06:08-07:58
伯尔尼（Berne）—巴塞尔（Basle）	巴塞尔青旅—大桥—大教堂—集市广场	集市广场周边餐厅午饭	集市广场—市政大楼—圆形屋—美年达酒店	巴塞尔（Basle）—卡尔斯如厄（Karlsruhe）

瑞士购买的 open 票可以在火车经过的任意沿线车站下车并可以在规定的时间内顺向上车继续行程。

巴塞尔是边境城市,这里有三个火车站,分别前往瑞士、德国和法国。购买的各国通票都可以从各国的火车站开始启用。每个火车站都有相应的公共交通前往,在搭乘时一定要分清楚要去的是哪个国家的火车站。

巴塞尔市内交通免费。

我的交通 （7月7日–7月8日）

a. 伯尔尼（Berne）（09:04）乘火车到巴塞尔（Basle）（09:59）

b. 从莱茵河支流乘船前往大教堂，1.6瑞士法郎

c. 巴塞尔（Basle）（06:08）乘火车到卡尔斯如厄（Karlsruhe）（07:58）

我的住宿 （7月7日–7月8日）

a. 住在巴塞尔的青年旅舍YMCA Hostel（No.373326546）

地　址：Gempenstrasse 64，Basel，4053

电话：+41613617309

费用：23瑞士法郎，一床一晚

　　从市政厅回青旅的路上，经过一个比较大的超市，我进去买了两只大虾和两大块包装考究的鱼肉，花了8.75瑞士法郎。回到青旅之后，用免费的大米煮了一大碗饭，煎煮了鱼和虾美餐了一顿，在美食中结束了今天的愉快行程。

　　第二天，我很早起床，很快办好离店手续，离开巴塞尔青旅，在巴塞尔瑞士铁路中央站乘有轨绿色2号线终点站下车，到达德国铁路火车站，开始启用一个月内可以任选7天使用的德国铁路通票乘火车从巴塞尔（Basle）前往德国的卡尔斯如厄（Karlsruhe），再换乘火车到海德堡（Heidelberg）。

当晚在伯尔尼的晚餐。

GER 德国
MANY

许我一场德意志童话

一个古堡环绕，湖光山色的国家。那里有阳光海滩的浪漫，绿野仙踪的梦幻热气球，罗马大帝的全套温泉浴，回味无穷的黑森林蛋糕。享受啤酒节的狂欢，尝尝当地的著名美食，静静欣赏立在山顶的白色建筑，新天鹅堡中赏周围迷人风光，沉醉在德意志最优美的浪漫景色中。

海德堡 Heidelberg

让心迷失的地方

海德堡火车站
从这里开始搭乘欧铁之旅

　　为了搭上去德国的火车，我很早起床吃了麦片泡牛奶，办完手续早早离开巴塞尔青旅，去赶开往德国的火车。

　　我先乘火车从巴塞尔（Basle）前往卡尔斯如厄（Karlsruhe），再从卡尔斯如厄（Karlsruhe）换乘火车前往海德堡（Heidelberg）。

　　到达海德堡火车站后，在车站找到 locker 箱子存放行李，一个箱子 4 欧元。箱子的用法很简单，关上门投入 4 欧元硬币，箱子就锁上了，同时从旁边的小孔掉出来一个圆牌子，等到取行李的时候，就拿这个牌子投入指定的地方，箱子门就会自动打开，很方便。存好行李之后，我来到火车站旁的旅游信息中心，要了免费地图，根据地图的指示前往景点。

　　火车站距海德堡市中心有一段距离，出了火车站就能看到很多公交站牌。

a 巴塞尔（Basle）（06:08）乘火车到卡尔斯如厄（Karlsruhe）（07:58），使用 7 天通票的第一天

b 卡尔斯如厄（Karlsruhe）（08:28）乘火车到海德堡（Heidelberg）（09:11），使用 7 天通票的第一天

c 海德堡火车站乘 33 路公交到古堡，1.2 欧元

d 海德堡（Heidelberg）（13:13）乘火车到曼海姆（Mannheim）（13:29），使用 7 天通票的第一天

雾气缭绕下的海德堡古城。

我乘坐 33 路公交车，经过内卡河畔，直达海德堡古堡山脚下。沿着蜿蜒的小坡到达山顶，小坡上有许多参天大树，郁郁葱葱。

在山上可以看到毁于 17 世纪末路易十四军队的古堡，虽是残墙断垣，但气势依旧恢弘。从高处望去，除了古堡和教堂，海德堡老城建筑也尽收眼底。所有的建筑几乎是清一色的棕红色斜顶，在阳光的照耀下，错落的红色与丛生的树木相互映衬，层次分明，煞是好看。

猴子照镜子
生动有趣的著名塑像

下山时，天空开始下起小雨，可这并没有破坏我的兴致。下山后，漫步于海德堡古城，感受德国古城的风情，我发自内心地觉得到处清新古朴、整

a 从巴塞尔瑞士铁路中央站乘有轨绿色 2 号线，终点站下车，到达德国铁路火车站，上火车，开始启用一个月内可以任意使用 7 天的德国铁路通票。我的票是在国内时在淘宝网上买的，非常方便。

b 德铁通票使用范围包括德国境内通行的快车，即 ICE 火车（无强制订位）和其他所有的普通火车，基本包括 S 线火车和 KD 游轮等，还可延伸使用至与德国相邻国家的部分城市，比如瑞士的巴塞尔、奥地利的萨尔茨堡等。每次使用前持票人自己在票上相应的空格中填写使用日期，使用方式是直接上车（德国所有的车站实行全开放，自由进出，无需检票和安检行李）。一般在这一天使用通票遇到第一次查票时，列车员会在通票上我们自己填写乘坐日期的相应格子中盖上铁路部门统一的日期戳，这一天再乘车时遇到查票的只要出示一下通票即可。我在德国使用七天通票乘火车基本上都有人查票，短途慢车偶尔有被忽略的情况。

c 欧洲很多国家的火车站都在车站信息中心或购票机器设置免费打印时刻表的业务，但每个车站只能打印从本车站出发的车次的时刻表。

d 德铁的普通车基本不订座，上车见到空位就可以坐。但高铁（ICE），特别是远程车基本都有订座，订座信息的显示屏一般设在车厢行李架的下方（如两个座位，显示屏只亮一个订座信息，你就可以坐另一个座位）或者订座的人在下一段行程才会上车的，你也可以先坐部分路段。不订座能节省不少开支。

e 德铁的站台设置一般都很有规则，基本上都是一字形排列，站台序号从车站的主出口开始，从小到大。一般小型车站比较简单，站台一目了然，大型车站中，柏林总站情况较复杂，慕尼黑和科隆等的站台呈梯状设置，有的站台比较远。

f 在德国稍微大些的城市一般都有两个以上的火车站，而中央车站都会在城市名字后面加上 Hbf，Hbf 为 Hauptbahnhof 的缩写，就是中央车站的意思。所以在问火车站的时候要告诉对方你要找的是否是 Hbf，否则对方就不知道怎么回答你了。

洁典雅。在古城走了没多久，就看见海德堡古桥上两个高高的圆塔形的桥头堡。

这座有九个拱形桥孔的老桥是给行人专用的，只能徒步上桥。在海德堡的古桥头边，看到"照镜子的猴子"，猴子左手里拿着一面圆镜子，右手自然垂在身前，食指和小指向外指着。据说猴子照镜子有自我反省的含义，而伸出的两个手指头则被认为是避邪。在海德堡有这样的说法，摸一摸猴子手里的铜镜就会带来财富，摸一摸猴子右手向外指的手指代表会再回到海德堡，因此铜镜子已经被游客们摸得锃光瓦亮了。我在这古桥上拍了不少照片。

时间不早，我便从古城返回火车站。路上雨就停了。慢慢地从老桥上走过，桥下内卡河轻轻流淌，桥的另一侧，小坡上盖满了漂亮的小楼，绿树、蓝天和白云映衬着，如同一幅美丽的画卷。

到了火车站，我匆匆解决了午餐，便乘火车来到了曼海姆（Mannheim）。

7月8日

06:08-07:58
巴塞尔（Basle）—卡尔斯如厄（Karlsruhe）

08:28-09:11
卡尔斯如厄（Karlsruhe）—海德堡（Heidelberg）

09:11-12:30
海德堡火车站—古堡—海德堡古城—海德堡古桥

12:30-13:13
海德堡古城—海德堡火车站

13:13-13:29
海德堡（Heidelberg）—曼海姆（Mannheim）

曼海姆 Mannheim

追寻曼海姆的水塔

从海德堡（Heidelberg）乘火车来到曼海姆（Mannheim），全程只需要约一刻钟的时间。下了火车，很快找到 locker 箱子放行李，曼海姆火车站 locker 箱子的价格是 3 欧元一个。

出了曼海姆火车站，可以乘坐 1、4、5 路有轨电车前往 Schloss 站。从 Schloss 站下车就能看到著名的水塔（Wasseertw）。水塔有 60 米高，位于内城东边弗里德里希广场的中央，是曼海姆的标志，周围是经过精心修剪的草坪。

7月8日

13:13-13:29	13:29-13:40	13:40-18:36	18:36-20:05
海德堡（Heidelberg）—曼海姆（Mannheim）	曼海姆火车站乘坐有轨电车前往 Schloss 站	水塔—选帝侯王宫—基督教堂—曼海姆艺术馆—皇宫教堂—曼海姆火车站	曼海姆（Mannheim）—科隆（Koln）

a 海德堡（Heidelberg）（13:13）乘火车到曼海姆（Mannheim）（13:29），使用7天通票的第一天

b 曼海姆火车站乘有轨电车到水塔

d 曼海姆（Mannheim）（18:36）乘火车到科隆（Koln）（20:05），使用7天通票的第一天

这座新巴洛克式建筑1889年建造，有3.5米高的安菲特里忒塑像，周围由建筑师布鲁诺·施密茨用青春艺术风格建造了喷泉、水池、拱廊和绿化地带。过了一条商业街再往里走了十几分钟，就是著名的选帝侯王宫，这是德国最大的巴洛克宫殿，广场呈U形。因为这座建筑现在已经大部分归曼海姆大学所有，所以我只能参观它的外观，无法进入。之后接着往火车站方向行走，沿途有基督教堂（Christuskirche）、曼海姆艺术馆（Kunsthalle Mannheim）和皇宫教堂（Schlosskirche），但因为时间问题，只能参观这些精美建筑的外观，没有入内参观。一路风景优美，不知不觉就回到了曼海姆火车站。

在曼海姆呆的时间只有短短的六个小时，我带着不舍，取好行李，乘坐列车前往科隆（Koln）。

如摩天大厦般存在的水塔。

科隆 Koln

一日游五城

　　从曼海姆（Mannheim）到达科隆（Koln）已是晚上八点多。下了火车之后，我先去火车站大厅购买了第二天要使用的北威州票，一共花了 21.5 欧元。因为时间太晚，实在没有空再回酒店做晚饭，就在车站的快餐店花了 7.5 欧解决。出了火车站，大约步行十分钟便可到达我事先订好的连锁酒店。在途中可以看见著名的科隆大教堂。

亚琛
来到大教堂，用心发掘教会艺术宝藏

　　第二天一早，我在酒店用自带的大米煮了些稀饭当早餐，之后前往科隆火车站，在 9 号站台使用北威州票乘车前往亚琛（Aachen）。亚琛位于德国边境，车站建筑古风犹存，车站广场上的圆盘照明灯很像奥运会点火台，非常有气势。从车站广场过马路左拐就能看见 "dom" 的指示，按这个标志就能到达世

碧水环绕的科隆。

a 科隆（Koln）（09:15）乘火车到亚琛（Aachen）（10:12），北威州票，共 21.5 欧元

b 亚琛（Aachen）（12:51）乘火车到科隆（Koln）（13:44）

c 科隆（Koln）（14:32）乘火车到布吕尔（Bruehl）（14:45）

d 布吕尔（Bruehl）（15:30）乘火车到波恩（Bonn）（15:45）

a 波恩（Bonn）（17:53）乘火车到科隆（Koln）（18:22）

世界著名大教堂之一——亚琛教堂。

界上最有名的教堂之一——亚琛大教堂（Aachener Dom）。亚琛大教堂与科隆大教堂、米兰大教堂、英国圣保罗大教堂齐名，罗马帝国有 30 位皇帝都在这里加冕。我进入教堂参观，里面核心部分是一个小八角形的礼堂，周围都是马赛克的拼画，最吸引人的是教堂中央的吊灯，是国王送给教堂的，非常精美。

走出教堂，仰望着它高高的尖顶，崇敬之心油然而生。因为距离限制，很难一睹教堂全貌，我沿着它的围墙转了一圈。我一直想：宗教不在于形式，在于内心的虔诚。还有，教堂里保存着不少精美绝伦的青铜器、象牙器、金银工艺品和出自名家之手的宗教艺术品。了解了这一些，就更能理解亚琛大教堂的艺术财富为什么会被认为是北部欧洲最重要的教会艺术宝藏。

7月9日

09:15-10:12	10:12-12:51	12:51-13:44	14:32-14:45	14:45-15:30
科隆（Koln）—亚琛（Aachen）	亚琛火车站—亚琛大教堂—亚琛火车站	亚琛（Aachen）—科隆（Koln）	科隆（Koln）—布吕尔（Bruehl）	布吕尔火车站—奥古斯图斯古堡—布吕尔火车站

布吕尔
在老城相逢巴洛克

吃过午饭之后，我接着用北威州票从亚琛搭火车返回科隆火车站，以科隆为中心向四周的目的地发散。

为了参观奥古斯图斯古堡，我首先乘车从科隆（Koln）前往布吕尔（Bruehl）。布吕尔城内有两座深受游人青睐的古堡——奥古斯图斯古堡和法尔肯拉斯特古堡，它们是巴洛克时代晚期整个莱茵河西部地区举足轻重的建筑，但因为时间原因，我只能参观前者。

布吕尔车站真的是个小站，只有候车的站台，没有看见车站的站房，下车就是站外的感觉。奥古斯图斯古堡紧邻车站，出了火车站就能看到。我感觉小镇游人很少，古堡也看起来没什么人气。奥古

布吕尔著名古堡——奥古斯图斯古堡。

15:30-15:45	15:45-17:53	17:53-18:22	18:22-20:00
布吕尔（Bruehl）—波恩（Bonn）	波恩火车站—贝多芬故居—波恩大教堂广场—明斯特大教堂—波恩大学—老市政厅—波恩火车站	波恩（Bonn）—科隆（Koln）	科隆火车站—科隆大教堂—钢桥—莱茵河畔—科隆剧院

a 住在科隆的 Hotel CityInn（No. 607.592.949）

地址：Appellhofplatz 9，Altstadt Köln，50667，德国

电话：+4902219955490

费用：42 欧元，2 晚

贝多芬的音乐如同他的雕像一般永存人心。

斯图斯古堡的外体建筑呈凹字形，古堡前方和周围布满了五彩缤纷的花圃，左右则是向两边展开的树林，葱郁、宁静。前方一条护城河轻轻流淌，守护着明黄色的古堡。我印象最深的是带有楼梯的中央大厅，我们一步步往上走的时候显得格外神圣和高傲。

波恩
贝多芬故乡的记忆

　　游览完布吕尔（Bruehl），我上车继续前往波恩（Bonn）。波恩是贝多芬的故乡。我来到这里，主要是为了参观贝多芬故居、波恩大教堂广场、明斯特大教堂、波恩大学和老市政厅。

　　出了火车站就是波恩很热闹的商业街，街上都是大商场、饭店和超市，沿街有许多餐厅把阳伞和桌椅都摆出来，成为一道独特的风景。德国每个地方的老城都有集市广场，我很喜欢在那里溜达溜达，看看新鲜的菜蔬领领行情，看看美丽的鲜花养

微雨茫茫，波恩尽显清新之气。

养眼睛。在波恩的时间只有短短的两个小时，我只是看了我想去的地方的外观，虽是走马观花，但仍让我感到心满意足。

之后，我乘火车返回科隆。

回到科隆后，以科隆大教堂为地标走到河边，发现站在钢桥的另一端可以拍出科隆大教堂和桥头骑马士兵雕塑的全景，我自然不会放过这个"拍照圣地"。桥上挂满了象征爱情的铁锁，这座桥只供行人和火车通行。拍照后我便返回酒店。

今天只用了一天时间，我就游览了五座城市，让我感觉忙碌却又充实。

TIPS 穷游小贴士

a 德国属温带海洋性气候，冬年温和湿润，出门时最好带上一件薄外套、薄毛衣或长袖衬衫，至少绑在腰间或塞在背包不会很累赘的那种。

b 北威州票：SchönerTagTcket NRW，用于州内一天内任意乘坐德铁慢车。一张票只能用一天，使用时间为周六、周日或法定节假日 0 点至次日凌晨 3 点以及周一至周五 9 点至次日凌晨 3 点。北威州票有效时间截至当天末班车。州票的乘坐人数上限均为 5 人，即一张票最多可以 5 人同行。从第 3 人开始，每人 4 欧。购买州票，最佳选择为提前一天或当天到火车站的自动售票机上购买，购买时选择乘坐日期。有 DB 字样的为德铁自动售票机购买。

州票可以乘坐的交通工具：

（1）慢车：德铁的短途车，停靠站相对较多，主要有 RB、RE、IRE。

（2）S 线：一种连接大城市与周边地区或相邻城市的短途火车。

（3）地方公交：即地铁（U-Bahn）、有轨电车（Strassenbahn 或 Tram）、公共汽车（Bus）等。

c 去欧洲旅行，除了自驾游，火车应该是最便利最快捷的交通工具，东西南北，四通八达，几乎没有到不了的地方。欧洲铁路系统发达，国营和私营铁路公司并存，火车有国际特快、城际快车、普通列车、乡间列车等等，名堂繁多，有快有慢，可以满足各种不同乘客行车的需求。

德奥边境 Border

从奥格斯堡到萨尔茨堡

奥格斯堡
建筑艺术之城

　　我早早地离开酒店，前往科隆火车站使用"德铁通票第二天"前往奥格斯堡。因为时间太早，于是我就在火车上把前一天买的酸奶、面包和在酒店煮的鸡蛋当做早餐匆匆解决。

　　乘坐 ICE 列车从科隆（Koln）到奥格斯堡（Augsburg）需要将近 4 个小时的时间。因为我乘坐的这趟高铁时间早，人很少，可以到有相对二排长椅的小间躺着休息。

　　下了火车，找到 locker 箱子放行李，关上门投入 2 欧硬币。出了车站，走不了多远就看见一个高高的绿色洋葱头形状的塔楼，三角尖顶山墙做得很精细，整个建筑非常有气势。奥格斯堡风光秀丽，我一边走一路拍照，不知不觉就到了奥格斯堡最中心的市政厅广场。广场正在修缮，露天餐馆和地上堆满了建筑

材料，虽然影响观瞻，但一路走来，我已经渐渐接
受并欣赏这种修理的美，毕竟文物的保护需要一代
一代地传承。随着文化的提高和眼界的开阔，我的
观念也在这次旅行中不断被改变。

奥格斯堡市政厅是一座雄伟的七层楼建筑，
由建筑师 Elias Holl 在 1615 年到 1620 年间设计
兴建，是这座城市的标志，也是阿尔卑斯山以北
最有影响力的文艺复兴风格建筑。建筑的前部有
两个大型装饰：一是代表神圣罗马帝国的帝国鹰
（Reichsadler）；二是奥格斯堡的象征，巨大的铜松
果（Zirbelnuss）。

市政厅侧面是高 78 米左右的佩拉赫塔，登上
250 级台阶，便可在塔顶鸟瞰这座美丽的城市。我
没有上塔，只是买了票进入市政厅三楼参观金碧辉
煌的金色大厅。金色大厅是平时举办音乐会的地
方，里面富丽堂皇，其中让我印象最深的是大厅的

市政厅和佩拉赫塔是这座城市的
著名地标。

顶。顶部不仅也镀上了金，里面还镶嵌有精美的壁画，气势恢宏，让人赞叹。

参观完市政厅，我又来到了富格尔（Fugger）广场，这里竖立着一尊雕塑，这位叫富格尔（Fugger）的率领他的家族在商贸、银行业和航运等方面为这座城市创造了很多财富，同时留下了很多光辉的足迹，深受这里的人们尊重和爱戴。

之后我又去了奥格斯堡大教堂，大教堂建筑是罗马和哥特混合风格，高高的绿色尖顶，浑厚的拱券式的主体礼拜堂庄严肃穆，十分有气势。大教堂年代久远，咖啡色的外墙体已有些斑驳，却更增添了它的历史感与厚重感。

从大教堂出来，我直奔火车站。取回行李之后，继续使用德铁通票前往慕尼黑（Munchen）。到达慕尼黑中央火车站之后，我很快找到早已订好的酒店，放好行李，返回慕尼黑车站，乘车前往奥地利的萨尔茨堡（Salzburg）。

历史与厚重结合的建筑。

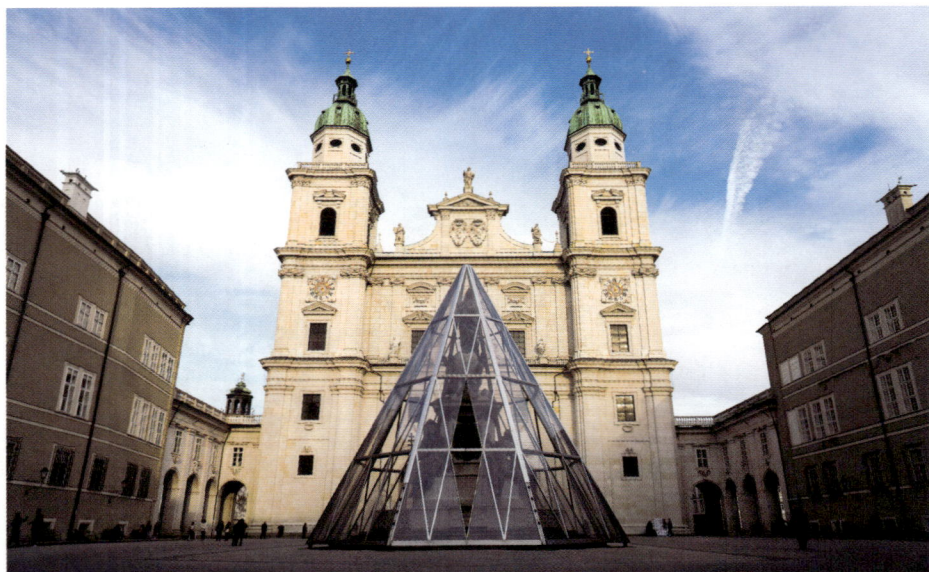

奥地利萨尔茨堡
重温《音乐之声》美丽场景

萨尔茨堡在我脑海中第一印象就是这里是美国电影《音乐之声》的拍摄地。刚出萨尔茨堡火车站大门，那高高在上、昂然耸立在山巅，傲视天下的萨尔茨堡要塞便映入眼帘，此时，《音乐之声》里的故事和音乐再次浮上我的心间。故事和美景使这座小城闻名世界。

伴随着激动的心情，我匆匆走过左边的一条马路，步行大约 10 来分钟就看见马路左手边两个高高的绿色洋葱头模样的教堂，教堂斜对面进门就是最有名的米拉贝尔花园。在米拉贝尔花园可以更清晰地看见坐落在萨尔茨河对岸山丘上的萨尔茨堡要塞。

顺路，我参观了萨尔茨堡大教堂（Salzburg Cathedral），这里原来是历任萨尔茨堡大主教的宫殿和住所，现在是美术馆。这个大教堂就在要塞山脚下前面的一大片广场里，在这里看到身着民族服装的市民。

大教堂西侧是老市政厅，市政厅广场中央建于 1659 年，高达 15 米的大喷泉雕像据说是中欧最大的巴洛克式喷泉雕像，雄伟的立面和巨大的圆形屋顶都体现了阿尔卑斯山一侧早期巴洛克风格雄伟的特征。再乘缆车上城堡参观，堡内有街道，四周是又高又厚的城墙。整座城堡面积十分广阔，庭院和很多建筑物还是挺值得一去的。特别是从城堡上俯瞰萨尔茨堡绿绿的房顶，很漂亮。

萨尔茨堡由新城和老城组成，分布在萨尔茨河的两岸。我在老城热闹的街边餐馆吃过晚餐之后，接着游览了莫扎特雕塑博物馆、老市政厅、市民广场、天主教堂、崖壁旁边的洗马池，不过因为时间的原因，我只看外观，而不进入了。但给我印象最深的是音乐天才莫扎特的出生地——红房子，现在已经改造成博物馆，门前的广场上竖立着莫扎特的高大塑像。

参观完之后，回到米拉贝尔花园。这是一个占地面积很大的花园，花园中有精致的宫殿，有成群的雕像，还有水池和喷泉。穿过米拉贝尔花园，来到火车站，我乘车返回慕尼黑。

慕尼黑 Munchen

让人不忍离开的城市

钟琴表演

让人意想不到的"雕塑小人艺术"

　　早上吃过早餐之后，我经巴伐利亚女神塑像广场来到玛丽恩广场，这里是慕尼黑的市中心。在新市政厅大楼前，许多人在等待 11 点钟开始的钟琴表演。其实在德国，钟琴表演还有多处，但是这里的人气最旺。

　　所谓钟琴表演，就是市政厅大楼高处的小人雕塑组成的表演队，随着音乐旋转起舞。这些小人都"着装"华丽，很有点古典音乐剧主角的范儿。11 点整，大楼上音乐响起，清脆悦耳，欢欣舒缓，五颜六色的小人旋转起来，广场上顿时安静下来，来自世界各地的人们齐刷刷向上看去，品味着一曲又一曲，朝圣一般。

　　广场那头，教堂的钟声也响起，显得非常神圣。钟琴表演持续几分钟后就结束了，人们意犹未尽，而后不得不各自散去，我跟着一个旅行团步入市

攻厅大楼内部。整个建筑四面相连，阳光从天顶撒下来，照在铁艺、石雕、露台、吊灯、窗户上，处处彰显雄伟庄严，同时又渲染了建筑上小细节的精致。

圣母大教堂
哥特与文艺复兴风格的完美结合

圣母大教堂是慕尼黑最大的教堂，也是慕尼黑最醒目的地标和精神象征。这个地方当然要去看看。

教堂的两个绿色"洋葱头"是慕尼黑的象征，教堂建于15世纪，但教堂的尖顶却一直没有竣工，直到50年后，人们才决定完成此塔顶的建筑。当时，哥特式的建筑时代已被文艺复兴风格时代代替，哥特式教堂也免不了被安上了当时时髦的圆顶，人们将其称为"浪漫国家的"帽子，正是这种圆顶风格成为了以后巴伐利亚众多教堂建筑的典范。虽说哥特式主体配上文艺复兴的圆顶，但圣母大教堂一点也没有显得不伦不类，倒是别具一格，

这里是慕尼黑人民的精神支柱。

英国花园内有个楼阁式五层木塔，有点像中国的塔，被称作中国塔。

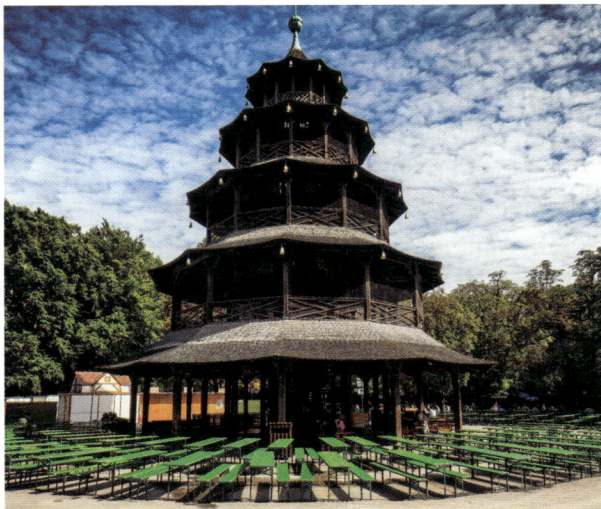

我的交通 (7月10日-7月12日)

a. 科 隆（Koln）（05:55） 乘火车到奥格斯堡（Augsburg）（09:50），使用 7 天通票第二天

b. 奥 格 斯 堡（Augsburg）（12:55）乘火车到慕尼黑（Munchen）（13:27），使用 7 天通票第二天

c. 慕 尼 黑（Munchen）（13:34）乘火车到萨尔茨堡（Salzburg）（15:02），使用 7 天通票第二天

d. 萨尔茨堡（Salzburg）（20:00）乘火车到慕尼黑（Munchen）（21:41）

e. 慕 尼 黑（Munchen）（07:52）乘 火 车 到 富 森（Fussen）（09:58），使用拜仁州票

f. 富森（Fussen）乘 78 路公交到新天鹅堡

g. 富森（Fussen）（15:05）乘火车到慕尼黑（Munchen）（17:05），使用拜仁州票

有着更加浓郁的建筑特色。

老教堂 56 米高的地方有个观光回廊，要上 306 级台阶才能到达。那里是拍圣母大教堂两个绿色洋葱头最佳点，也是俯瞰慕尼黑风光的最佳地点。

午饭之后，我沿伊沙河畔而行，游览了伊沙门之后前往宁芬堡（Schloss Nymphenburg），途经凯旋门。接着坐地铁去英国花园（Englischer Garten）。英国花园是慕尼黑最大的公园，公园里是大片的绿野，茂密的森林，难怪有人说，住在德国南部，尤其是慕尼黑，才是真正的好福气。

7月10日

05:55-09:50	09:50-12:55	12:55-15:02	15:02-20:00
科隆（Koln）—奥格斯堡（Augsburg）	奥格斯堡火车站—市政厅广场—富格尔广场—奥格斯堡大教堂	奥 格 斯 堡（Augsburg）—慕 尼 黑（Munchen）—萨尔茨堡（Salzburg）	萨尔茨堡火车站—米拉贝尔花园—萨尔茨堡大教堂（Salzburg Cathedral）—萨尔茨堡要塞—莫扎特雕塑博物馆—老市政厅—市民广场—天主教堂—洗马池—红房子

进入英国花园，走 10 分钟左右就可以到达中国塔，我不知道这座塔为什么叫中国塔，一点儿也没有中匡的味道。塔的样子有些古怪，还有些日式风格，只能说有点像中国的塔。塔是古朴的楼阁式的五层建筑，檐端挂着小铃。

留影后，我乘地铁返回酒店，途中经过慕尼黑大学（全称路德维希马克西米利安慕尼黑大学，Ludwig Maximilian Muenchen Unitversitaet），慕尼黑大学没有院墙，是全开放式的，虽然是暑假，学校里依然可以看到很多学生在散步。

这里的天色到晚上近 23 点才暗，但是一天的游览已经比较充分，我 20 点左右就回到酒店，结束了愉快的旅程。

新天鹅堡
步入童话世界

第二天一早，我前往慕尼黑火车站乘车去富森。提前买好拜仁州票，特地安排周末，可以搭乘 07:53 的火车（周一至周五州票需要 09:00 以后才能乘车），这趟慢车是德国火车之行中车厢陈设最普通的一列。

在富森下火车之后，可以直接在火车站外的巴士站台坐 78 路公交到天鹅堡售票中心，有州票的乘坐 78 路免费。到了售票处，我去窗口取了提前订好的票。我只订了一个新天鹅堡的票，取完票之后，还要坐一个大巴去新天鹅堡，这个大巴每人 1.8 欧元，人人都需要买票。沿途会经过老天鹅堡，咖啡色的建筑很漂亮。

大巴的终点站便是新天鹅堡。新天鹅堡（Schloss Neuschwanstein）建于 19世纪晚期，是当时的巴伐利亚国王路德维希二世的行宫。

我预订的进入新天鹅堡的票是中午 11:30，时间尚早，我先按照标志走着盘

7 月 11 日		7 月 12 日		
20:00-21:41	09:30-20:00	07:53-09:55	09:58-15:05	15:05-17:05
萨尔茨堡（Salzburg）—慕尼黑（Munchen）	玛丽恩广场（Marienplatz）—圣母大教堂—伊沙门—宁芬堡（Schloss Nymphenburg）—英国花园（Englischer Garten）—中国塔—慕尼黑大学	慕尼黑（Munchen）—富森（Fussen）	玛丽安铁桥—新天鹅堡	富森（Fussen）—慕尼黑（Munchen）

我的住宿 （7月10日-7月12日）

a. 住在慕尼黑的 Eour youth hostel Munich（No. 316594983）

地址：Senefelderstr.5, Ludwigvorstadt-Isarvorstadt, München，德国

电话：+4908959908811

费用：110 欧元，3 晚

山小道溜达一圈。走了约摸 20 分钟，便来到城堡南边的玛丽安铁桥（Marienbrücke），这是欣赏新天鹅堡标志性的南面的最佳位置。这座高百米的桥悬在两山崖之间，桥底是拼接的木质板，两边是铁链扶手，踩在上面咯吱咯吱作响，桥体轻微左右晃动。我顾不上这些，出神地望着新天鹅堡，相机"咔嚓咔嚓"留下它美丽的身影。

新天鹅堡内到处的装饰日常用品都是天鹅形的，就连盥洗室的自来水龙头，也是天鹅形状。堡内的富丽堂皇自不用说，但是我还是更喜欢那童话般的外观。远观新天鹅堡，真的很美，会觉得这是童话世界中才存在的城堡。这座路德维希二世从未计划公开的神秘城堡，成为了德国最富盛名的旅游胜地，也是德国境内被拍得最多的建筑，是巴伐利亚州的摇钱树。

午饭后，我在周边拍拍照、逛一逛后就返回了火车站，乘坐火车回到慕尼黑。

TIPS 穷游小贴士

a. 萨尔茨堡因为地处德国和奥地利边境，所以车站内分别设置有德国的铁路信息咨询和奥地利的铁路信息咨询，当然奥地利是主要的。

b. 萨尔茨堡的城堡缆车非常有特色，不过建议步行上山，下山再坐缆车，因为上山的一条路很有中世纪风范，沿途还有不少特色小店，很值得一走。

c. 我用的这种欧洲火车通票专供欧洲以外的游客使用，在中国的北京、上海和广州有售，价格根据所使用的天数和国家的多少各有不同，感兴趣并准备游览欧洲的朋友不妨向欧洲铁路华东办事处查询。

电话：021-52865008

地址：上海市陕西北路 1438 号 926 室。

那儿的工作人员会为不同的客人提出一些良好的建议，能够让我们比较方便地选择到适合自己的通票种类。也可以在淘宝网购买。

d. 新天鹅堡内禁止拍照，里面有许多工作人员进行监督。

e. 慕尼黑乘火车前往富森的站台离车站入口比较远，虽然电子屏幕显示了很明确的站台是 9 号站台，但是游客最好会留足时间。有时站台也可能会变动，要关注电子屏幕最新信息，不要只看手中的票。

f. 拜仁州票从周一到周五是早上 9 点启用，周末是早上 7 点半就能使用。从慕尼黑到富森需要 2 个小时，为了能多留出时间参观天鹅堡，可以将前往富森的时间放在周末。

纽伦堡 Nuremberg

历史文化大观园

雷格森堡
多瑙河畔的古城好风光

第二天一早，我来到慕尼黑火车站，乘坐 ICE 火车前往纽伦堡（Nuremberg）。列车飞驰，坐在靠窗的座位，观赏着窗外的田野，心情格外好。

刚走出纽伦堡火车站，第一眼就看见对面的城墙塔楼黑黑旧旧的模样，第一感觉不是很好。我预订的 A&O 旅店，距离火车站很近，步行五六分钟即可到达，在德国的很多地方都有它的连锁店，而且都在火车站附近，出行和生活都非常方便。我把行李寄存在酒店之后就马上回车站，乘车前往雷格森堡。

雷格森堡（Regensburg）位于多瑙河和雷根河的交汇处，是德国最大的一座中世纪古城，从石器时代开始已有人类居住。公元 179 年，罗马帝国皇帝马可·奥勒留在这里筑起一座兵营要塞，取名为雷根斯堡，意为雷根河畔的兵营，雷根斯堡城正是在此时兴建。在 20 世纪 60 年代，这里的管理者曾计划要废弃

依旧夺目耀眼的古城风貌。

我的交通 (7月13日-7月14日)

a. 慕尼黑（Munchen）（07:11）乘火车到纽伦堡（Nuremberg）（08:58），使用德铁 7 天通票第三天

b. 纽伦堡（Nuremberg）（09:34）乘火车到雷格森堡（Regensburg）（10:38），使用德铁 7 天通票第三天

c. 雷格森堡（Regensburg）（13:19）乘火车到纽伦堡（Nuremberg）（14:27），使用德铁 7 天通票第三天

d. 纽伦堡（Nuremberg）（14:34）乘火车到巴姆贝格（Bamberg）（15:06），使用德铁 7 天通票第三天

e. 巴姆贝格（Bamberg）（17:36）乘火车到纽伦堡（Nuremberg）（18:18）使用德铁 7 天通票第三天

老城区，另寻地点建立新城，如今所有人都很庆幸这个计划没有实施。

从 20 世纪 70 年代起人们便着手对老城区进行保护，并对其中的历史遗址进行了精心的维护和修缮。雷格森堡 2000 多年的城市历史夺人眼目，如今已没有任何一座中欧城市能够呈现出这样迷人的古老风貌。这座城市坐拥 1500 座文物保护建筑，其中的 984 座构成了包括施塔特阿姆霍夫在内的老城区（Altstadt mit Stadtamhof），2006 年被联合国教科文组织评选为世界文化遗产。

走在历经千年的老城和老街，可以看到雷格森堡大教堂（Regensburger Dom）。大教堂又叫做圣彼得大教堂（Kathedrale St. Peter），是巴伐利亚和德国南部哥特式建筑的主要代表，也是雷格森堡的一张名片。漫步于大教堂回廊，除了众多珍

7月13日

07:11-08:58	09:34-10:38	10:38-13:19
慕尼黑（Munchen）—纽伦堡（Nuremberg）	纽伦堡（Nuremberg）—雷格森堡（Regensburg）	雷格森堡大教堂—市政厅广场—雷格森堡大教堂老石桥（Steinerne Brücke）—火车站

品外，五座哥特式圣坛尤为引人注目——它们是大教堂的一大特色。而大教堂的彩绘玻璃窗也令人印象深刻，听了介绍，才知道这些玻璃窗的历史可追溯到 1220—1370 年，让人为之惊叹。教堂两个高 105 米的尖顶直指云天，傲然挺立。

从教堂出来，走进老城市政厅广场，广场四周漂亮的建筑和高高的塔楼，构成了这座城市的亮点。可惜游览时间太紧，我也只能走马观花，不然坐在广场小店，慢慢吃慢慢欣赏这美丽的风光，该是多么的惬意。

再往前走，大钟楼下巨大的拱形门楼直接连通雷格森堡老石桥（Steinerne Brücke），这又是一处著名的景点，也是地标性建筑之一。老桥和桥门建于 1135 年至 1146 年间，是中世纪最重要的桥梁建筑之一，也成为 12 世纪到 13 世纪许多大型石头桥梁的范例。老石乔长 336 米，宽 8 米，平均高度 15 米，共有 16 个桥洞。气派的石桥，吸引了许多游人在此拍照留影。

我在老石桥拍照后回到雷格森堡火车站，乘火车返回纽伦堡。到达纽伦堡之后，我利用 7 分钟转车时间，继续乘火车前往巴姆贝格（Bamberg）。

巴姆贝格
行走在中世纪宗教历史名城

巴姆贝格是一座保存比较完善的中世纪古城，因其多元的文化和优质的啤酒酿造技术闻名德国。

从巴姆贝格火车站进入市中心有一段路的距离，走在路上就可以看到大桥了，大桥坐落在雷格尼茨河（Regnitz），河流穿过旧城区，流向西北汇入美茵河。巴姆贝格就坐落在美丽的雷格尼茨河之畔，河边整面墙的 3D 画栩栩如生，随处可见的十字架、雕塑和彩画，与河边依水而建的德式小楼互相映衬，美丽非凡。这个小城虽然没有威尼斯的大气和辉煌，但这里的水景地景着实没有辜负它"小威尼斯"的美名。

13:19–15:06	15:06–17:36	17:36–18:18	**7月14日** 09:30–17:00
雷格森堡（Regensburg）—纽伦堡（Nuremberg）—巴姆贝格（Bamberg）	雷格尼茨河（Regnitz）—圣米歇尔教堂	巴姆贝格（Bamberg）—纽伦堡（Nuremberg）	古城墙—圣劳伦茨教堂—圣母大教堂—美泉塔—丢勒故居—皇帝堡

圣米歇尔教堂

TIPS 穷游小贴士

a 德国位于东 1 区，比北京时间晚 7 个小时。

b 德国人忌讳数字 13，视 13 日星期五为不祥。不喜欢红色，红黑相间色以及褐色，尤其是墨绿色。

c 提前一天可以打出第二天的火车时刻表，机器和人工都可以打。

d 德国的火车站都是开放式的，先看车站显示屏，找到自己的站台，然后看清车次是否正确，车开之后列车员才检票，如果有人要补票，可以直接刷卡。列车员的装备很先进。

巴姆贝格还有一个最杰出的建筑，是有 4 个钟楼的圣米歇尔教堂。据说罗马帝国皇帝海因里希二世因为一直没有后代，认为是自己罪孽过于深重，便在 1012 年掏出自己的毕生积蓄开始修建这座教堂赎罪。

建造教堂的过程也是多灾多难，历时一个世纪，两次毁于火灾。第一个建筑师在修建过程中去世，由第二位接着建，导致教堂内部一端是法式风格，一端是意大利风格。但是这座建筑的雕刻艺术却一直受人赞叹，墙上的石雕十分优美，不由得让我仔细端详。

时间很快到了五点半，我不得不和巴姆贝格依依惜别，乘火车回到纽伦堡。

纽伦堡
古城古墙古堡

第二天，我首先来到古城墙边。14 世纪以来，纽伦堡人筑起围墙、挖建壕沟用以抵抗外来入侵。保存至今的绕城围墙长达 5 公里，是德国大城市中保存最好的古城垣，有 4 个主要关口和 80 个防御口，城墙上沿都加盖一个三角顶，或许是用来采光通风的。

再沿着主街向前走，可以看见纽伦堡城内保存下来的最大的教堂——双尖指天的圣劳伦茨教堂。

纽伦堡市政厅广场一带是老城的中心，景观和集市相聚在这里，所以购物和赏景的人群也集中在这个区域。圣母大教堂的右边，有一个非常漂亮的建筑，吸引了每一个来往的过客的眼球，它就是建于 1391 年、高 19 米的美泉塔。塔高三层，共雕刻着 44 个人物，整个美泉塔的四周用结实的铁栅栏围住，不然，它可经受不住游客攀爬拍照的亲密接触。

雷格尼茨河在纽伦堡城内流淌，配上河边建筑高高的三角红屋顶以及窗户上色彩鲜艳、工整对称的美丽线条，吸引了游人的目光。灵动的河流也孕育出许多天才画家、音乐家和诗人。

我的住宿 【7月13日-7月15日】

🄰 住在纽伦堡的 A&O Nürnberger Hauptbahnhof（No. 571379951）

地址：Bahnhofstr. 13-15，Mitte Nürnberg，90402，德国

电话：+49030809475110

费用：43 欧元，2 晚

雷格尼茨河两岸静悄悄。

雕刻精美的美泉塔。

沿着小坡慢慢往上走，城堡边干净整洁的方石块路旁有一座漂亮的四层楼房，画家丢勒的故居占据高位。站立着欣赏一会儿，感叹这位德国最伟大的画家真会选地方，这里实在是风光秀美的风水宝地。中午我就在他家门前大树下的椅子上用的餐。

吃好午饭，继续沿着城墙小街行走，来到了皇帝堡。皇帝堡是纽伦堡最漂亮的城堡建筑。1050年，亨利三世决定把它建在一块突起的岩石顶端，这里之后渐渐地变成他的世袭领地，据说德意志帝王都在此居住过，很多重要会议也在这里举行。

城堡色彩柔和，线条粗犷，独具风格。堡内各建筑以通道、走廊、隧道和庭园联结。城堡处于全城的最高位置，是纵览整个城市的最佳地方。城堡过门洞别有洞天，走小径曲径通幽，穿通道豁然开朗，反反复复、景外有景，让人感到惊喜连连。

纽伦堡有着非常深厚的历史底蕴，古文物众多且保存很好。一个个漂亮的建筑，一条条漂亮的街道，都值得好好观赏，让人感叹这儿真的是人杰地灵。

高端大气上档次的皇帝堡。

汉诺威 Hanover

悠闲的森林城市

又是起了个大早，我从纽伦堡（Nuremberg）乘车前往汉诺威（Hanover）。

下了车之后，首先把行李寄存在旅店。旅店位于市中心，附近就是 Holz 市场，典型的德国式三角顶建筑，很漂亮。从酒店出来，沿着大马路往前走，一条不宽的河流上架着几座漂亮的拱桥，给这座城市增添些许妩媚，远处新市政厅上的绿色圆顶进入镜头，刚柔并济的美交融着，让人赞叹。

一路走着，不知不觉便来到 Anzeiger 塔，塔的方形建筑结合绿色的圆顶，非常雄壮，它也是汉诺威的地示。走了一圈之后，我便返回火车站，乘车去希尔德斯海姆（Hildesheim）。

希尔德斯海姆
一眼千年的罗马式教堂

坐上汉诺威到希尔德斯海姆的火车，不到一个小时到达希尔德斯海姆。在

我的交通 （7月15日–7月16日）

a 纽伦堡（Nuremberg）（05:34）乘火车到汉诺威（Hanover）（08:32），使用德铁 7 天通票第四天

b 汉诺威（Hanover）（10:34）乘火车到希尔德斯海姆（Hildesheim）（11:13），使用德铁 7 天通票第四天

c 希尔德斯海姆火车站乘 1 路巴士到圣玛丽教堂，2.3 欧，使用德铁 7 天通票第四天

d 希尔德斯海姆（Hildesheim）（15:07）乘火车到汉诺威（Hanover）（15:38），使用德铁 7 天通票第四天

绿树红房，相得益彰。

做德国游的攻略时我了解到，希尔德斯海姆坐落于德国西北部的哈茨山的西北侧、汉诺威东南面约 30 公里处，依偎着伊内尔斯特河。这里以贝恩沃德主教修建的罗马式教堂而闻名遐迩，并享有“早期罗马式建筑瑰宝”之美称。

贝恩沃德主教是希尔德斯海姆历史上出现的一个光芒四射的人物，他为当时的社会作出了杰出贡献。在 1010 到 1020 年之间，他主持修建了德国最精美的长方形教堂之一——圣米歇尔教堂，此外希尔德斯海姆还有圣玛丽教堂，这两个教堂都是世界文化遗产。

下了火车，我到出站口外的一家小书亭，拿了一份免费地图。从地图上看，两个世遗教堂离火车站都不远，但为了节省时间和体力，就走到火车站旁的车站乘 1 路巴士到圣玛丽教堂。圣玛丽教堂前面是一大片鲜亮的绿地，教堂的顶红绿结合，不觉反差只觉和谐。教堂前的绿地前摆着桌椅，桌上摆

7月15日

05:34–08:32	08:32–10:34	10:34–11:13
纽伦堡（Nuremberg）—汉诺威（Hanover）	汉诺威火车站—城市经济旅店—Holz 市场—汉诺威火车站	汉诺威（Hanover）—希尔德斯海姆（Hildesheim）

盆艳丽的鲜花，喝着咖啡吧送来的咖啡、看大人小孩在周边自得其乐，好不惬意，这种美好的感觉只有小城才能独享。

享受完这种惬意之后，我起身走到圣米歇尔教堂，但这里正修缮，整座教堂围得严严实实的，我只好回到主街。经路人指点，我绕到街边教堂后面，来到中心市场广场。这里的建筑实在太美了，一栋栋特别有味道的房子，四周露天餐馆都是满座，熙熙攘攘好不热闹。

千年玫瑰
大教堂的神奇传说

圣玛丽大教堂有一丛"千年玫瑰"，关于它还有着一个美丽传说。据说在 815 年，查理大帝之子"虔诚者"路易在森林打猎，为了追赶一只白色的鹿，路易离开自己的侍从们追了很远，最后在渡过一条溪流时，人和马都体力不支，他吹响号角却没有回应。精疲力竭的他只能把一直随身携带的带有圣母玛丽亚圣物的十字架挂在近旁的树枝上，向其跪下祈祷。

之后，他就因太累而倒地睡着了，等他醒来，发觉竟然在树丛这里下了一片很小的雪，并有一朵玫瑰绽放。他想方设法，想取下十字架，但无论采取什么方法，都无济于事，十字架缠在树枝上了。此时，他再次吹响号角，立即得到了随从们的回声。这个时候虔诚的路易就相信这是天主的旨意，

TIPS 穷游小贴士

a. 红线巡游 roterfaden：汉诺威这座城市的风景名胜可以沿着 4200 米长的"红线（roterfaden/redthread）"（街道路面上的一条引导线）一路慢慢地观赏：新市政厅、老市政厅（altesrathaus）、老城（altstadt）、莱讷宫（leineschloss）、各种博物馆和歌剧院等，共 36 处景点。

b. 前面说过预订的旅店都很方便，记住订的旅店方便出行，这是很重要的哦。

c. 电压/插座：德国同中国一样为 220V 电压，所以中国的电器在那里都可以使用。但德国的插座与中国的大不相同，建议您要为随身带的电器配上插座转换器。

d. 在德国餐馆用餐时，有以下禁忌：不能用吃鱼的刀叉来吃肉或奶酪；食盘中不宜堆积过多的食物；不得用餐巾扇风等。

11:13-15:07

圣玛丽大教堂—圣米歇尔教堂—中心市场广场—希尔德斯海姆火车站

15:07-15:38

希尔德斯海姆（Hildesheim）—汉诺威（Hanover）

15:38-19:00

集市教堂—海恩豪森王家花园（Herrenhausen）—莱布尼慈大学

GERMANY 德国 149

他决定要此地建一所教堂，以献给圣母。这丛玫瑰就在教堂的外墙旁。

1945 年 3 月，圣玛丽教堂遭到严重轰炸，整个玫瑰花丛都被大火烧毁，在众人都以为这千年的玫瑰已经遭到灭顶之灾时，过了几个星期，烧焦的玫瑰丛又开始发芽生长，又成了一件活生生的圣迹。并且在战后又恢复了生机和活力，重新覆盖了巨大的面积。一般认为这种品种的玫瑰最高不会超过 3 米，而这神奇的"千年玫瑰"有 10 米之高。

汉诺威
交易会之都

之后，我回到希尔德斯海姆火车站返回汉诺威。下车之后，我回到酒店，办完入住手续，休息一会又出门了。住的地方位于汉诺威老城中很热闹的商业街，我首先来到不远处的集市教堂参观。这座教堂是汉诺威三座最老的教堂之一，也是下萨克森州最大的教堂之一。至今这座教堂的大部分仍然保持了 14 世纪北部德国的建筑风格，其屋顶在 1943 年的空袭中被摧毁，1952 年按原样修复。教堂高 97 米，是汉诺威的象征。

重新修建的汉诺威，逐渐成为一座欣欣向荣的城市，在欧洲以举行各种交易会而闻名。2000 年，汉诺威举办了首个在德国举办的世界博览会，在这个 21 世纪的第一届世博会上，世界各国充分展示了人类的科技文明。在我国 2010 年举办世博会之前，汉诺威那次世博会参展国家和组织的数量一直保持着历史第一。

接着，我乘路面地铁到闻名遐迩的海恩豪森王家花园（Herrenhausen），花园分为四个独立园林，但只有西边花园有笔直的菩提树让我难忘。海恩豪森王家花园的下一站是汉诺威莱布尼慈大学，我也去看了看。汉诺威的景点不多，参观完之后回到市中心，找了家热闹的餐馆用餐，吃饱之后心满意足地回旅店休息。

我的住宿 【7月15日—7月16日】

a. 住在汉诺威的 Bed'n Budget Cityhostel Hannover（No. 571315766）

地址：Osterstraße 37，Mitte Hannover，30159，德国

电话：+4905113606107

费用：20 欧元，1 晚

不莱梅 Bremen

梦幻的童话世界

在饭店退完房，我来到中央车站，乘坐列车前往不莱梅（Bremen）。出了不莱梅车站，我先去寄放行李。曾经在德国的好几个火车站寄放过行李，都是投币的自动寄放箱，非常方便。在不莱梅车站，同样可以拿取免费地图。

不莱梅火车站是座精致的古典建筑，有点雍容华贵的气质。想在火车站门前留影，却找不到不莱梅（Bremen）的站名，让我感到很奇怪。出站往前，没走多远就看见一个大湖，湖边花坛旁有一座硕大的风车，它的亮丽色彩成为眼前一景，湖中的倒影更衬托了它的美，我迫不及待地在此留影几张。

再向前走一会儿，就到了长约 400 米的步行街瑟格街，两边商店装饰得十分漂亮。街中的一个雕塑吸引了我。我看到很多小朋友坐在可爱的小猪上，旁边吹号角的是牧猪人吗？后来才得知，这可是不莱梅的城市标志之一。

从步行街走到集市广场，这里的鲜花早市品种繁多，整整齐齐的，一把把一簇簇刚刚摆上，姹紫嫣红，把美丽的早晨点缀得更加艳丽漂亮，我的心情也跟着愉悦起来，美丽的生活真好。市场上更多的是蔬菜水果副食品买卖，摊位一字

a 汉诺威（Hanover）（07:21）乘火车到不莱梅（Bremen）（08:45），使用德铁7天通票第五天

排开，供货车到处都是，什么货都有，这场景和我们国内的自由市场很相像，物品供应充足购买方便，价格也比较便宜。

集市广场
童话粉丝的膜拜圣地

漫步在小城中世纪的街道上，偶然间我在集市广场市政厅旁的角落边发现了一尊不莱梅音乐家的铜像：四只动物乐手摆出它们的经典队型，从上至下分别是鸡、猫、狗、驴，叠罗汉在一起，显示它们团结一致的顽强战斗力。

每日，都有全球各地的童话粉丝来到这尊雕塑面前，瞻仰心目中的动物乐手，缅怀自己为格林童话疯

倍受欢迎的动物雕像。

人来人往的集市广场。

狂的童年时代。整个铜像因为时间的流逝呈现出深绿色与黑色的斑驳,只有驴子的两只前蹄异常锃亮,原来游客都会用手摸摸驴子的前蹄,据说这样可以带来好运。举世闻名的不莱梅音乐家的故事让这座小城为德国童话之旅添上了最热烈浓重的一笔。

再瞧瞧集市广场上具有600多年历史的市政厅,有着文艺复兴式的壮丽和哥特式砖结构的绿色屋顶,还有广场上10米高的罗兰雕像,勇士手持宝剑和盾牌,威风凛凛气势不凡,象征了不莱梅人民向往自由与和平的决心。这些都已经被列入联合国教科文组织的世界遗产。广场旁宏伟的圣彼得大教堂颇具哥特风格,双塔钟楼像两把利剑直插云霄,绿色的尖顶与市政厅的绿色屋顶遥相呼应,相得益彰。

广场边,有一条不起眼的窄窄小街,叫扎桶匠街。要不是入口处上方有一幅天使刺龙的金色大浮雕吸引了我的眼球,或许我就轻易地这样与之错过。小街全长只有100米,是20世纪初由咖啡商人用个人资金打造的,为的是重现中世纪时街道的景象。短短的小街功能齐全,电影院、剧院、咖啡馆、赌场、美术馆、服装店、工艺品店、餐馆等都有。

不莱梅的景点非常集中,照着地图不多久一圈走完了,于是我原路回到车站乘车。

7月16日

07:21-08:45	08:45-11:17
汉诺威(Hanover)—不莱梅(Bremen)	不莱梅火车站—瑟格街—集市广场—市政厅—扎桶匠街—不莱梅火车站

吕贝克 Lubeck

水乡里的古城

我从不莱梅（Bremen）乘火车前往汉堡（Hamburg），之后转车到达吕贝克（Lubeck）。吕贝克是德国北部的城市，它从一个小渔村发展而来，约 13 世纪时曾是德国北方汉萨同盟的主要城市，当时商业繁荣实力雄厚。我觉得，有这么一段历史的城市一定有厚重的积淀。

七尖顶城
多样风格建筑的博物馆，漫步城中，沉醉画里

走出车站，穿过站前广场和一个小花园，前行几分钟就看到一条很漂亮的河，看河边立的介绍牌我才知道，原来吕贝克坐落于特拉沃河沿岸，是德国在波罗的海最大的港口。吕贝克旧城部分是由特拉沃河、易北河和吕贝克运河围绕起来的一个岛屿，曾是欧洲最富有和最强大的城市之一。

从我手里的地图上看，整个城市呈一个近似椭圆的形状，是欧洲北部第

一个被列入世界文化遗产的城市，城市里有 5 座著名大教堂，共有 7 个尖顶，因此又被称为"七尖顶城"，其中的圣玛利亚教堂是德国第三大教堂，两个 125 米高的姊妹尖顶直指苍穹。

继续前行，一座童话世界中的城门由远及近，这就是建于公元 1447 年的霍尔斯腾特尔城门，现已经被辟为历史博物馆。其巨大的双圆塔看起来庄重而古朴，是吕贝克的象征。城门两边各有一个圆筒

赫赫有名的霍尔斯腾特尔和荷尔斯登城门。

7月16日

11:17-13:48	13:48-16:50	16:50-18:27
不 莱 梅（Bremen）— 汉 堡（Hamburg）—吕贝克（Lubeck）	特拉沃河（Regnitz）—霍尔斯腾特尔城门—市政厅—圣玛利亚教堂	吕 贝 克（Lubeck）— 汉 堡（Hamburg）

状的锥形顶塔楼，这就是最有名的荷尔斯登城门，同样是吕贝克的地标，无论正面或反面拍摄效果都很好。这个哥德式建筑也曾作为堡垒防御之用，是吕贝克唯一存留的城堡大门遗迹。

走入中心街区时会经过市政厅。市政厅是一座很漂亮的建筑，它建于 13—15 世纪，正面是文艺复兴式，装饰着彩色瓷砖，显得极为巍峨壮丽。北侧的圣玛利亚教堂，两座尖塔高耸入云。

吕贝克市政厅广场，经过贵族们不断的扩建，完成了包括华丽的穿孔展墙、华美庄重的雕刻、装饰精美的小阳台和无数个高耸的绿顶尖塔在内的许多精美建筑。

走出热闹的市中心，顺着环城河流而行，碧水涟涟，绿树成荫，远处的尖顶高低错落，犹如一幅优美的画卷。

初识汉堡
与"水上城市"的悠然邂逅，虽短暂，却难忘

火车在下午 6 点半左右把我从吕贝克载回汉堡，因为旅店就在车站旁边，所以稍作休整就又出发了，沿着这条汉堡最有名的街道 Monckeberg 边走边玩，先经过圣雅各比和圣彼得教堂后走到市政厅。绿色的市政厅大楼气势雄伟而精致漂亮，风景如画的阿尔斯特湖里，许多天鹅悠闲地游弋着，河岸边满坐着红男绿女，河边的拱式长廊周边很热闹。坐在河边长椅上，听着街边艺人悠扬的音乐、观赏着

河中喷泉泻下层层水花，感觉真好。

　　汉堡是世界上著名"水上城市"之一，易北河、阿尔斯特湖等在这里汇合，一起流向北海。据说整个城市的桥梁数超过 2300 座，是欧洲拥有桥梁最多的城市。汉堡的 Messe、电视塔和圣米歇尔大教堂等景点都让我流连，虽然因为时间关系，只能外观，却依然让我惊叹不已。汉堡不愧是德国的第二大城，也是座非常美丽大气的城市，让人来过一次就终身难忘。

TIPS 穷游小贴士

a 圣佩特利教堂花 3 欧即可乘直达电梯登顶，俯瞰七尖顶城吕贝克，很值得，千万别错过了。

b 汉堡和整个德国都位于欧洲中部时区，比北京时间晚 7 小时。德国从每年 3 月的最后一个星期日至 10 月的最后一个星期日为夏时制。这时，汉堡时间比北京时间晚 6 小时。也就是说，夏时制期间，北京时间减 6 为汉堡时间。夏时制以外的时间，北京时间减 7 为汉堡时间。

c 汉堡属于温带海洋性气候，夏天日照时间长，并不炎热，平均温度在 28℃左右。但汉堡的天气多变是非常出名的，常常早上下雨，傍晚出太阳，雷阵雨很多。特别是春秋季节，一天中可能阴晴反复数次，一把雨伞是汉堡旅行的必需品。

风光如画的休闲城市——汉堡。

柏林 Berlin

见证历史的城市

从汉堡出发,下一座城市即是德国首都柏林(Berlin)。从柏林下了火车,首先映入眼帘的是晶莹剔透的柏林中央火车站,建筑宏伟、气势磅礴。我先到旅店将行李寄放,之后返回车站,乘坐火车前往波茨坦(Potsdam)。

无忧宫
德国"凡尔赛"

勃兰登堡首府波茨坦与柏林仅相距半个小时的高速铁路的路程。附近公园里有喷泉、林荫道、长椅,视线的尽头是宫殿和遗址。

出车站往前走,不多远就到了哈韦尔河边,绿色罗马穹顶的尼古拉教堂和顶上有金色塑像的老市政厅隔河相望。走了一段路后进入双塔城门,欣赏完市政厅华丽的外观后,我向东一直走近赫丽湖,赫丽湖一带美得静谧安详,硕大的湖面清波荡漾,对岸掩映的建筑美美地只露出小小一角,湖岸大片草地绿树葱郁。

宏大华丽的无忧宫。

我的交通 (7月17日)

a 汉堡(Hamburg)(07:06)乘火车到柏林(Berlin)(08:48),使用德铁 7 天通票第六天

b 柏林(Berlin)(11:41)乘火车到波茨坦(Potsdam)(12:05),使用德铁 7 天通票第六天

c 波茨坦随上随下观光巴士,9欧,使用德铁 7 天通票第六天

d 波茨坦(Potsdam)(17:55)乘火车到柏林(Berlin)(18:19),使用德铁 7 天通票第六天

离开赫丽湖,我便直奔无忧宫(Schloss Sanssoucl)。见了未曾谋面的无忧宫,我就像见到老朋友,一切似乎早已熟悉:半圆球形顶的宫殿,宫殿前梯阶形宽大的 6 级台阶向远处延伸,两侧和周围的绿化生机盎然,宫殿前的巨大喷泉喷出高高的水柱。和所有见到过的宫殿花园一样,非常的宏大华丽,宫如斯园如斯,仿造凡尔赛宫建造的无忧宫的确漂亮。

欣赏完无忧宫,顺着中间的林荫大道来到了中国楼(Chineisches Haus),这是一座绿色的蒙古包式样的圆亭,圆亭外围站立着各种亚洲形态的人物雕像,这些雕像都是镀金的,整个亭楼外壁也都镀金装饰,熠熠生辉。

从中国楼出来,走主干道可以到达新宫。相对于无忧宫,新宫一带的建筑似乎来得豪华,旋形楼梯的繁复,无数雕塑装点其上,处处呈现欧洲建筑风格，十分华丽。

之后我从波茨坦（Potsdam）乘车返回柏林（Berlin）。

柏林墙与勃兰登堡门
德国统一的象征

到了柏林，首先就要去最有名的勃兰登堡门。这个德意志第一门见证了历史，意义非凡。

勃兰登堡门最初是柏林城墙的一道城门，现存的勃兰登堡门是一座新古典主义风格的建筑，建立的目的是为了纪念普鲁士在七年战争取得的胜利。然而，在与拿破仑的战争中，勃兰登堡门上的胜利女神雕像成为了两军争夺的重点，胜利的一方都会把雕像搬回自己的祖国。

勃兰登堡门因为其在柏林乃至德国的特殊地位，成为德国多项庆典活动的举办会场。

每年 12 月 31 日晚上，勃兰登堡门前都会举办传统的露天除夕新年晚会，当天广场和大街上都挤满人群，搭起的舞台上举行盛大的现场表演助兴，人们在午夜时分的烟火巡演中共同迎接新年的到来。

而每年 7 月，柏林"爱的大游行"都会在勃兰登堡门前的六月十七日大街举行，它是世界上规模最大的电子音乐节。

说到勃兰登堡门，就不得不说著名的"柏林

新古典主义风格的勃兰登堡门。

我的住宿（7月17日-7月18日）

住在柏林的 Jugendgästehaus Hauptbahnhof（No. 316544991）

地　址：Lehrter Str. 68，Mitte Berlin，10557，德国

电话：+4903039835 0202

费用：22 欧元，1 晚

7 月 17 日

07:06-12:05
汉堡（Hamburg）—柏林（Berlin）—波茨坦（Potsdam）

12:05-17:55
尼古拉教堂—老市政厅—赫丽湖—无忧宫—中国楼—新宫—火车站

17:55-18:19
波茨坦（Potsdam）—柏林（Berlin）

18:19-22:00
新国会大厦（Reichstag）—勃兰登堡门（Brandenburger Tor）—菩提树下大街—柏林大教堂—红色市政厅

墙"。柏林墙是德国分裂的象征，也是冷战的重要标志性建筑。对于大多数人，柏林墙的历史不必多说，但如今，剩下的一段柏林墙遗址已成为世界上最大的露天画廊。

1989 年柏林墙倒塌后，艺术家们开始在仍残留的墙上留下他们的痕迹，俄罗斯艺术家迪米特里·弗鲁贝尔创作了"兄弟之吻"，这幅涂鸦曾是柏林墙上最著名的作品之一，描绘原苏联领导人勃列日涅夫亲吻民主德国领导人埃里希·昂纳克的情景。2006 年，沿着围绕前联邦德国地区，政府修缮了一处长达 96 公里的柏林墙遗迹，建成了人行道和自行车道。这也是柏林墙遗迹恢复最长的一段，墙壁上有号称"东部画廊"的艺术绘画，沿着施普雷河绵延 1 公里长。

柏林的景点又多又大，每一个都是响当当的

自由涂鸦的柏林墙。

名片，尤其是圆顶大教堂和红色市政厅，让我印象深刻。我觉得大教堂一带最为漂亮，建筑、绿化、桥梁、水系构成了一幅浓墨重彩、大气蓬勃的油画，无论局部无论整体都美得无可挑剔。火车站的每一幢建筑都彰显风采，其周边以及其他街景也非常美丽。

TIPS 穷游小贴士

a 波茨坦见证了许多历史事件的发生：1918 年之前其一直为普鲁士国王和德国皇帝的夏宫所在。它也是二战后期波茨坦会议的举行地，拥有德国境内最大的世界遗产——无忧宫。乘坐随上随下巴士，8 个精选站点，饱览波茨坦经典城市地标，自主安排旅行进程，来一场波茨坦的历史探秘之旅。

波茨坦随上随下观光巴士车票 9 欧，不限次数，不限站点，随意乘坐，车上免费提供中文语音导览耳机，巴士外观：

1. 红色双层巴士

2. 车身印有"City Sight Seeing"标识、中央火车站（Babelsberger 街）（Hauptbahnhof, Babelsberger Str.）

3. 市宫（电影博物馆）（Stadtschloss, Filmmuseum）

4. 格里尼克桥（柏林这边）（Glienicker Bruecke, Berliner Seite）

5. 西席林霍夫宫（Schloss Cecilienhof）

6. 新宫（Neues Palais）

7. 桔园（无忧宫）（Orangerie, Sanssouci）

8. 路易斯广场（Ankunft Luisenplatz）

b 柏林的轨道交通主要包括城铁 S-Bahn 和地铁 U-Bahn 两个系统，由它们组成的网络覆盖了柏林的大部分景点，班次频繁，方便快捷。柏林有编号 S1-S9 的 9 条 S-Bahn 干线，如果你看到是两位数标号的 S 线路，如 S25 那就说明这是 S5（首位数字）的支线或短途线。S4 的线路为环线，地铁也有 U1-U9 共 9 条干线，还有 U55 从中央火车站到勃兰登堡门的短线。寻找 U 或者 S 车站都非常方便，在地面的站口处都立着大大的 U 或者 S，老远就可以看到。

c 柏林公共交通系统的计价系统：柏林分为 A、B、C 三个环状区，除无忧宫和机场在 C 区外，其余主要景点均在 A 和 B 区内。AB 区单程票价为 2.4 欧，四次票 8.4 欧。ABC 区单程票 3.1 欧。AB 区单人天票 6.5 欧。ABC 区单人天票 7 欧。

如果同行的人多那买票就更加便宜了。AB 区 2 至 5 人天票 15.5 欧，ABC 区 2 至 5 人天票 16 欧。车票可以在各地铁站的自动售票机、巴士司机手中和 BVG 售票服务中心购买，记住购买后上车前不要忘了在地铁站或巴士的打票机上打票激活，否则被查到要被罚款的。

还有就是单程票的有效时间为 2 小时，可转乘，但不得搭乘返程方向的车。如果你在同一个方向要看几个地方用这种单程票非常方便省钱，可以反复上下车，只是一定要在车票激活时间的两个小时之内，否则超过两个小时车票就作废了，要重新购买。

d 柏林推荐公交：100 路和 200 路公共汽车，从亚历山大广场到动物园，沿途经过很多景点，坐上一趟这两路公共汽车转上一圈，就如同把城区游览了一遍。

莱比锡 Leipzig

博览会之母

    早上从柏林（Berlin）乘 ICE 列车前往莱比锡（Leipzig），虽然没订座，但有座位，这感觉真好。到站先去自动投币箱寄存行李。这座城市的好处是市中心就在离火车站不远的地方，出了火车站走五六分钟便到了。

    对莱比锡的印象开始于火车站，在站内的最高层，也就是第三层，它一字排开的二十几个站台整整齐齐、清晰明了，两边各有电梯和楼梯连接下面的两层，楼下是许多的餐饮店和商场，用餐购物非常方便。对着站台的前方和左右两侧各有一个出口，出站一看，这座巴洛克式的条形建筑端庄雄伟，厚重扎实，是我见过的德国最大、最漂亮的火车站之一。

    莱比锡有两幢标志性建筑：一出车站抬头就能看见，一幢是帆船形的高楼——全景大厦，旅游广告中它的出镜率很高；另一幢高楼在车站对面的左侧，顶部有 2 个大写的 M 重叠在一起的标志，不停地旋转着，据说这个标志是"样品展览会"的象征，因为莱比锡有一个别名"博览会之母"。车站的对面还有一个漂亮的小花园。

莱比锡的主要景点集中在火车站正门对面的老城区域。出车站过马路，沿着花园步行街向市中心的方向走去。走不多远就到了剧院广场一带，这里是莱比锡经常举办活动的场所之一，因此这座看似普通的浅灰色剧院理所当然地成为莱比锡的地标。旁边宝蓝色三角顶玻璃建筑是莱比锡大学。

走进老城的街巷，比起旅游热门城市而言，这里景点的亮丽程度要低一些，因此也清静一些，但著名的托马斯老教堂和一些老建筑也是很漂亮的。

路的另一侧，是一片供行人停歇的户外茶馆。而在其里侧，竖立着一座雕像——他便是德国最伟大的诗人歌德。只见他左手拿着一顶帽子，右手夹着一本书，姿态潇洒地站立着，目光深遂而坚定地望着远方。

凝望远方的德国大文豪歌德雕像。

06:52-08:04	08:04-11:26
柏林（Berlin）—莱比锡（Leipzig）	莱比锡火车站—全景大厦—花园步行街—剧院广场—莱比锡大学—托马斯老教堂—歌德雕像—老市政厅大楼—新市政厅

a. 在德国，火车即使在始发站也是只停靠很短的几分钟，不会像国内那样，从检票上车到发车有半小时左右。所以，德国的站台上都以字母标好每个车厢车门所停靠的位置。旅客到站台上查一下公示牌，找到自己车厢对应的字母，然后在挂有该字母的牌子下候车，以德国人的严谨，火车停靠位置会非常准确的，这样大大地减少了旅客上车的时间，提高了月台的使用效率。与中国不同，德国的火车站没有人工检票这一环节，旅客在自助机上购票，进站时自己在检票机上打印一下日期，或提前在国铁的网站上购票，只需拿着打印的票就可以上车了。

外形时尚的莱比锡市政厅。

接下来，我来到了莱比锡的老市政厅大楼，它建于 1557 年，是德国最漂亮的文艺复兴建筑之一，现为市历史博物馆。整个建筑上下三层，最下面是棕红色石材砌成的拱廊，中间黄色墙身，最上面是红瓦斜坡屋顶。出彩的是屋顶上建有六座造型优美的阁楼和高耸的钟塔，是当之无愧的广场中心标志。

相对于老市政厅，新市政厅那高高的海上灯塔状的塔楼建筑要时尚许多，因而也骄傲地昂首挺胸，让莱比锡所有地方的人对它仰视。作为烘托，它周围的彼得拱一带也是很漂亮的区域，咖啡吧生意很好，在这可以悠闲看着好风景，慢慢品尝好咖啡，相当惬意。

在老城小餐厅吃了午饭之后回到火车站，正好到了出发的时间，于是我便乘火车去德累斯顿（Dresden）。

德累斯顿 Dresden

易北河畔的"佛罗伦萨"

初识德累斯顿
满城的古典艺术气息

　　从莱比锡过来的火车停靠在较简陋的站台，没有电梯，只能拎着行李箱走楼梯到地面。经人指点带领，我出站穿过对面购物商场，看到铁轨固定在街边的有轨电车，于是上车。两站路之后下车，这就来到了城市中心。

　　上帝显然没有公平地将艺术珍品散布在德国每座城市。几百年来，竟然会有如此之多的宝藏聚集于德累斯顿。面对丰富和壮丽的文化古迹，游人们唯有目瞪口呆，啧啧称奇。而德累斯顿人将这所有的一切都融入河畔美丽诱人的风光中，游人的惊异之情将很快转化为对这座城市疯狂的热爱。

　　德累斯顿，这座萨克森州（Sachsen）的首府，德国东部仅次于首都柏林的第二大城市，重要的文化、政治和经济中心，也是德国重要的科研中心，凭借传统与现代的完美结合使游客们流连忘返。萨克森选帝侯和国王的行宫就坐落

体现欧洲壁画艺术的皇家壁画长廊。

于这座城市的内城中心，您可以漫步于如梦境般美丽的内城，领略这座城的独特魅力。

关于这座城市，还有个事情值得一说。1945年，盟军展开对德累斯顿大轰炸。这件事也成为战争中最引起争论的事件之一。1945年情人节，这座城市被毁惨重，易北河边充满历史文化财富的老城毁坏最严重，由于河流阻隔，破坏较少的新城反而成了今天德累斯顿较老的一部分。

如果你爱好古典音乐，你一定对德累斯顿国家管弦乐团的名字很熟悉。这支拥有400多年历史的管弦乐团曾经铭刻着韦伯、瓦格纳、理查·施特劳斯等一批伟大作曲家的名字。二战期间，德军地面侦查站播放理查德·施特劳斯的《玫瑰骑士》，用音乐下达战争指令，精通音乐的德军飞行员便马上知道了飞行目的地是德累斯顿。

我的交通 【7月18日】

ⓐ 莱 比 锡（Leipzig）（11:26）乘火车到德累斯顿（Dresden）（12:38）

ⓑ 德累斯顿车站乘有轨电车到市中心

我的住宿 【7月18日—7月19日】

ⓐ 住在德累斯顿的 Cityherberge（No.764817214）

地址：Lingnerallee 3，Dresden，01069，德国

电话：+4903514859900

费用：20欧元，1晚

7月18日

11:26-12:38

莱比锡（Leipzig）—德累斯顿（Dresden）

12:38-20:00

日本宫—骑马塑像—易北河奥古斯特大桥—绿色圆顶屋—天主教宫廷教堂—王宫城堡—皇家壁画长廊—茨温格宫—圣母大教堂

TIPS 穷游小贴士

a 制订行程时，我看到网友介绍
距德累斯顿 20 公里处有一个美丽
的自然景观，被称为"德国的张
家界"，从提供的照片中，看见了
怪石嶙峋的山景很喜欢，但时间
安排太紧，只能以后有缘再来了。

b 在德国购物时，商品的价格已
包括了 15% 的增值税，因此游客
在 3 个月内将所购物品携带离境
时，享有免税优惠。

德累斯顿有"易北河畔的'佛罗伦萨'"的美称，不知道是因为它的建筑还是艺术，或者兼而有之。流经城市中心的易北河将城区一分为二，主要景观都集中在走过奥古斯特桥以后的老城区。出了车站以后，向前走，首先进入视野的是一幢绿色顶的建筑，介绍上面写着这座建筑名叫日本宫。再走过一个小广场，可以看见金色的骑马塑像，据说是这座城市的一个标志。

易北河畔
汇萃老城最美的建筑

易北河边，我认为这里是德累斯顿最美的地方。不远处是奥古斯特大桥，顺着大桥方向望去，易北河对岸雄伟的建筑群一下子跃入我的眼帘：被

沿着河畔而走，是最惬意的旅行。

誉为"世界上最美的建筑物"之一的圣母大教堂，穹顶玻璃球体建筑的上方高高站立着金色女神像的绿色圆顶屋，尖塔高83米的天主教宫廷教堂……

这些真的惊艳了我的眼睛，比起其他地方往往只有一枝独秀，这儿的美在于集体亮相。我不禁感叹：漂亮宏大的建筑也能如此摩肩接踵，美得奢侈，令人目不暇接，叹为观止。

过府邸经宫殿，可以体会到老城浓郁的味道。在一条不算宽阔的道路墙面上是皇家壁画长廊，这是一幅101米长的瓷器壁画——王侯队列图，描绘了从1123年到1904年间萨克森王侯的骑马雕像以及当时的艺术家们，总共93人，这幅壁画是历史也是艺术。

茨温格宫是这里的主要景点，始建于1710至1730年间，它在1945年大轰炸时也被夷为平地，1963年成为最先重建的项目。据说宫殿最有特色的是称为皇冠门的入口大门，因其形似一顶大的皇冠而得名，但我去的时候正好被包裹着在修建，顶上隐隐露出一点点皇冠解了我的眼馋。

我很喜欢茨温格宫的大片绿地，修剪得整齐漂亮、大方得体，具有皇家风范。而最漂亮的细节当属它四周各种精致的雕塑和整个一圈的石艺栏杆，非常大气并相当注重建筑的精致感。宫虽小但以细居上，绝不输给一些名声很大的宫殿。

另外，茨温格宫的宫前广场环境也很漂亮，中间骑马雕塑雄健威武，一边是世界上十大歌剧院之一的森帕歌剧院，另一边是王宫和教堂，组成一个漂亮的建筑群体。

德莱斯顿最漂亮的建筑之一是圣母大教堂，它耸立在易北河边，是德累斯顿的市徽，高95米的钟形穹顶曾是这座美丽城市的标志。大教堂在1726年至1743年之间，根据著名设计师拜尔的设计建成。它巴洛克式的建筑风格成为基督教艺术的典范，大教堂1945年被损坏，1994年到2005年，使用原来的建筑部件重建。大教堂内部也非常精致，礼拜堂的二到四楼全部是包厢式样，这么考究的设计十分罕见。

很快结束了德累斯顿"眼花缭乱之旅"，这也是我在德国的最后一站。能用这么美好的城市为德国之行拉下帷幕，我也是十分心满意足。

CE
ECH
捷克

PO
LAND
波兰

故事叠加之地

捷克，一个世人心中不曾或忘的深
刻名字，在这个陌生国度里，暗藏被遗忘的美丽以及
亘古的艺术杰作。夕阳中，查理大桥渐渐地被铺上一层金色，
雕塑也快变成剪影，远望而去，一片红色之中布拉格城堡守护着百塔之城，
守护着埋藏在岁月里的故事。

同样位于东欧，厚重历史的华沙、古都克拉科、奥斯维辛小镇，波兰充满着
迥异又迷人的别样风情。夏日温暖明媚的阳光下，蓝天、白云、老城构织出
波兰最动人的美景。

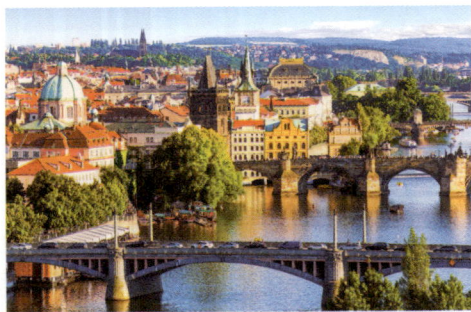

布拉格 Prague
名不虚传的建筑博物馆

布拉格老城区
正如传说中美丽

　　早上，我乘坐跨国列车从德累斯顿（Dresden）来到了捷克首都布拉格（Praha）。到达布拉格中央火车站之后，我先投币 2.5 欧元，把行李放在自动寄放行李箱，再到售票厅现场买当天晚上从布拉格到波兰华沙的四人间卧铺票，之后才走出布拉格中央火车站。

　　布拉格现有三条地铁线，按交通信号灯的颜色标着绿、黄、红三色，其中 A 线绿色，B 线黄色，C 线红色。我用 24 捷克币买了地铁票，有效期为 30 分钟。从地铁站直接乘电梯下楼乘坐 1 站，再上去换乘地铁 A 线，到 malostranska 站下车，就可到达布拉格城堡的小城站。出来之后穿过一个小公园，再坐 22 路 tram 线，终点站就是布拉格城堡的入口，布拉格城堡参观免费。

　　布拉格是伏尔塔瓦河边一颗璀璨明珠，也是一座美轮美奂的城市，有"千

我的交通 （7月19日）

a 德累斯顿 Dresden（07:06）乘火车到布拉格 Praha（09:27），欧洲点对点电子票，19 欧元

b 捷克地铁中央车站到 malostranska 站，24 捷克市

c 22 路 tram 线，到终点站布拉格城堡入口

d 布拉格（Praha）（22:29）乘火车卧铺（4 人间）到华沙（Warsaw）（08:03），88.25 欧元

庄严肃穆的换岗仪式。

塔之城、建筑博物馆"的美称。在布拉格，建于中世纪的各式建筑几乎完好无损。二战期间，希特勒对布拉格情有独钟，下令不许炮弹落入城市，加之捷克军队在德军一入境时就放下了武器，并且希特勒看中了苏台德地区资源与军工生产能力，有意保护，因此整个捷克基本都没受炮火摧残。而我也渐渐发现，能保留下来的欧洲古建筑的共同特点，就是都以石头作为建材。

在布拉格，给我印象最深的是气势宏大的圣维特主教堂（Katedrala svateho Vita），这座外表华美而复杂的教堂是天主教布拉格总教区的主教座堂，捷克最大的教堂，规模远远超过巴黎圣母院。

圣维特教堂的侧面是捷克王国的旧皇宫，又大又空旷。绕过几道弯，便是传说中的黄金小巷（Zlata Ulicka），也就是皇宫里的仆人们的居所。奇怪的是，这里的房门仅有 1.6 米多高，不知道是不是因为当年为皇室打造金饰的匠人们属于奴隶，必

须低头方可进出。一百多年前，著名作家卡夫卡不堪忍受旧城区的嘈杂，搬进了黄金巷的22号，潜心创作。如今不少游客像我这样慕名而来。

布拉格最重要的景点是布拉格城堡，按照《吉尼斯世界纪录》的记载，布拉格城堡是现在世界上依然存在的面积最大的古代城堡。说是城堡，这里更像是一组建筑群，宫殿、教堂、民居、监狱乃至坟墓，一应俱全。今天的捷克共和国总统仍在此工作。城堡区里熙来攘往的全是与我一样的游客，步履匆匆，拍照不停，照皇宫，照换岗，照教堂，照小巷。布拉格城堡多半建在高地，地势虽不太高，也能把全城俯瞰个大概。

在城堡山坡下面有块区域叫小城区，早在查理四世时期之前就已存在。从城堡区下来，经过一座黑乎乎的塔楼，看着像个城门，接着往前走就可以来到有名的查理石桥。查理石桥是查理四世所建，把小城与老城相连。

顺着石桥便来到老城区。老城区里有木偶剧和黑光剧表演。而老城区最热闹的地方是布拉格广场。钟楼和教堂在广场的两边，中间有一座喷泉，我去的时候是下午3点，钟楼准点敲钟。我一路欣赏着、拍照着，十分惬意。

百塔之城
在胶片与光影中相逢

布拉格近乎刻板的沧桑交织着浪漫的神秘，让这里成为众多电影的取景地，一部部或古典、或现代、或奇幻、或现实的影片构成了布拉格缤纷的电影地图。透过众多的影片，我们可以感受到布拉格迷人的风情。

7月19日

07:06-09:27	09:27-22:29	22:29-08:03
德累斯顿（Dresden）—布拉格（Praha）	瓦茨拉夫广场（Vaclavske namesti）—火药塔（Pouder tower）—泰恩教堂（Church of our Lady Before）—老城桥塔（Old Town Bridge Tower）—伏尔塔瓦河（Vltava）—查理大桥（Charles Bridge）—圣尼古拉教堂（San Nicola Church）—布拉格城堡（Prague Castle）—圣维特大教堂—黄金巷—旧皇宫	布拉格中央火车站（Praha-hlavni nadrazi）—华沙中央火车站（Warsaw Centralna）

a. 布拉格中央火车站宽敞明亮的地下候车厅既是行人的地下通道，也有食品店、日用品店、书报亭和货币兑换店等综合服务设施。

b. 布拉格公共交通的联票可以在 Tram 轻轨、Bus 公交、Metro 地铁上使用。24 克朗：Metro 能坐 5 站，30min 内有效。Tram 和 bus 是 20min 内有效。地铁运营时间是 5:00-24:00。

c. 从布拉格到华沙的夜火车可以在布拉格中央火车站售票厅现场买，票价是 88.25 欧元，四床一间，很方便。

取景于此的《莫扎特传》曾经包揽了八项奥斯卡大奖。躲过二战硝烟的布拉格，完整地保留了 18 世纪巴洛克、洛可可风格的建筑，因此《莫扎特传》的导演坚持把一个发生在奥地利的故事搬到这里拍摄。这里的宫廷内饰也无需任何额外搭建和修整，在自然的光线与原始的布景下，观众仿佛透过莫扎特的眼睛看到了过往。

而根据被中国人所熟知的捷克著名作家米兰·昆德拉的著名小说《生命中不能承受之轻》改编的电影《布拉格之恋》，更是把布拉格的神秘与美丽发挥到了极致。影片中，托马斯从技艺精湛的医生沦为了擦玻璃的清洁工，一场他在擦大楼玻璃的场景，背景是泰恩教堂。透过不太干净的玻璃看两座高达 80 米的尖塔，配上若有若无的背景音乐，那是只属于电影镜头的美感，仿佛触手可及，却朦胧而迷离。

当然，布拉格不只是欧洲古典浪漫风情的记号，经久不衰的谍战电影也赋予了它"谍战之都"的名号。布拉格的美既充满了中世纪欧洲的恢弘气势，也弥漫着现代东欧诡谲变幻的谍战风云。

《碟中谍 1》故事开始于中央情报局的一个小组在布拉格执行任务，这段疑云重重的戏就是在查理大桥附近拍摄的。片中夜幕下的伏尔塔瓦河与查理大桥成为了间谍活动的完美外衣。这些影片为布拉格本来就神秘的城市特质更增添了几分传奇色彩。

华沙 Warsaw

蓝天、白云、老城、美景

在卧铺火车上一觉醒来，天已大亮。在火车上吃了自备的早餐，很快就到达了华沙中央火车站。

一出华沙中央火车站，就能看见旁边的文化科学宫（Pałac Kultury i Nauki），这是华沙最高的建筑物，位于市区内。这座俄式的建筑是斯大林时期的产物，是当时苏联政府"送"给华沙人民的，具有很浓的政治意味。现在的文化科学宫早已成为了华沙市民休闲娱乐的场所，里面电影院、剧院、书店、展览馆等等文化教育设施一应俱全。

华沙的天气很棒，那儿的蓝天白云给我留下了深刻印象，仿佛是画出来的一样，着实让人难忘。

维拉诺夫宫
名不虚传的小凡尔赛

到旅馆免费寄存行李之后，我立刻乘车前往维拉诺夫宫（Pałac w Wilanowie）。

我的交通 (7月20日)

a 布拉格（Praha）（22:29）乘火车卧铺到华沙（Warsaw）（08:03），88.25欧元

b 酒店乘车前往维拉诺夫宫

c 维拉诺夫宫乘车前往瓦津基公园

维拉诺夫宫是波兰国王的夏宫。维拉诺夫宫的主殿非常有气势，宫殿的结构独具匠心，这是欧洲艺术与古波兰传统建筑融合的结晶。宫殿外立面和室内立面的图像及浅浮雕，雕塑精美，我觉得差不多就相当于中国的颐和园。

维拉诺夫宫的建筑很漂亮，绿树成荫，后花园非常美。走在树荫满地的小径上，只听得沙沙的叶声。走到小路尽头，视线豁然开朗，前面是一个清澈而幽深的小湖，湖边立着一座小凉亭，透着淡淡的中国味儿，虽外形有所改变，但韵味犹存。湖的对岸有一座拱形石桥，与凉亭相隔不远，风格差异却不唐突，别有一番和谐趣味。

恰逢周日，宫殿免费开放。进入参观，里面的美一览无遗。维拉诺夫宫确不负小凡尔赛宫之称，殿内有若干小型展馆以及教堂与音乐会场，此外多为宫殿历任主人及其亲属的卧房、书房、私人展厅等。而让我印象深刻的，是众多的挂画，都是历代宫殿主人与庞大家族人员的油画肖像。我非常惊叹于油画中贵妇人美丽的脸庞与繁复奢华的服饰，贵族先生们温文的外貌与绅士的姿态。

而且，这里是个避暑的好地方，里面非常的阴凉。据说维拉诺夫宫现在是波兰的国宾馆。

7月20日

22:29-08:03

布拉格中央火车站（Praha hlavni nädrazi）—华沙中央火车站（Warsaw Centralna）

08:03-19:00

中央火车站—文化科学宫（Pałac Kultury i Nauki）酒店—维拉诺夫宫（Pałacw Wilanowie）—瓦津基公园（Łazienki Królewskie）—华沙大学（Uniwersytet Warszawski）—圣十字教堂（Kościół Świętego Krzyża）（Holy Cross Church）—老城广场—齐格蒙特三世石柱—皇家城堡—华沙美人鱼雕像

我的住宿 【7月20日—7月21日】

3 住在华沙的 Old Town Kanonia Hostel&Apartments（No. 697685325）

地址：ul.Jezuicka 2，Sródmiescie，Warsaw，00-281，波兰

电话：+48226350676

费用：50 波兰币，1 晚

波兰老城
充满艺术气息的美好老城

接着乘车从维拉诺夫宫前往瓦津基公园（Łazienki Królewskie），又称肖邦公园。这里原先是波兰末代国王的宫苑，景色很不错。苍天大树，蔽日遮阴，到处鲜花盛开。宫苑内有一座肖邦的雕像，旁边还放置着三角钢琴，这里经常举办音乐会，很文艺，很壮观。瓦津基公园是免费的，可以随便参观。

出了公园，往老城方向走不久，可以看到华沙大学（Uniwersytet Warszawski）。位于国王大街西门的华沙大学，看起来挺不错的样子，校园大门艺术且漂亮。这所大学是波兰最大的公立大学，应该也是最好的大学。

圣十字教堂（Kościół Świętego Krzyża）（Holy Cross Church）就在华沙大学的斜对面，位于国王

绿树成荫的瓦津基公园。

TIPS 穷游小贴士

a 去文化科学宫很方便，步行就可以到，就在中央火车站的隔壁。而且由于它很高，所以基本上在哪个位置都能瞅见它。

b 华沙文化科学宫可以进去参观，据说还可以上到楼顶玩望远镜，不过由于时间关系，我就没有上去。

c 圣十字教堂是免费参观的，进去的那扇门比较老，而且比较重，得使点劲推。一定要保持安静，切莫影响他人。

d 华沙市内的大部分景点都是免费的（除了少数博物馆会象征性地收上几个兹罗提），这可以省去一笔不小的费用。

这座历史沧桑的城市如今也多了这样休闲的一面。

大街的南部尽头。圣十字教堂的著名之处在于，钢琴家肖邦的心脏就埋葬教堂左边第二根廊柱下面，据说肖邦还曾经在这里生活过。教堂门前的雕像，是个肩扛十字架的传教士，看造型似乎正在为大众传教。

沿国王大街一路走着，经过市政厅回到老城。老城位于市区中北部，维斯瓦河西岸，面积不小。老城内可看的地方很多，包括老城广场、齐格蒙特三世石柱、皇家城堡、华沙美人鱼雕像等。

从老城广场向远处眺望，可以看见 2012 年欧洲杯开幕式的主赛场。

我在老城解决了晚饭，望着夕阳下华沙的美景，感到温暖而美好。直到夜幕降临，我才依依不舍地回到了酒店休息。

NO挪威
RWAY

走入北欧童话世界

挪威，万岛之国，漫长的海岸线和
沿海岛屿构成了美丽的峡湾。在梦幻极光的闪耀下，
上古的冰川雕琢而成的罗弗敦群岛壮观宏伟，奇迹石和布道石美
得胆颤心惊。或在奥勒松俯瞰最美峡湾，或在奥斯陆和易卜生打个照面，
无论在哪，挪威总会给你惊喜。

斯塔万格 Stavanger

登山欣赏好风光，累并快乐着

去看布道石
领略地球上最美的自然奇观

　　早上离开华沙旅店，乘175路巴士，去华沙弗雷德里克·肖邦国际机场（Port Lotniczy im. Fryderyka Chopina）机场乘机前往斯塔万格（Stavanger）。

　　到达斯塔万格机场之后，出大门左拐就能看到公交车站牌，乘9路到达终点站——中心湖边汽车总站下车，沿湖边走一小段就可以到达提前预订好的酒店。

　　酒店位于斯塔万格市中心，办好手续之后我就出去走走。整个城市很小，但是感觉很精致。这里的人们喜欢坐在湖旁边的长椅上，晒着太阳，捧本书，拿杯咖啡，悠闲惬意，令人羡慕。市中心有一个湖，小巧而精美，所有的建筑都在湖边，包括大教堂以及各种雕塑。市中心还有个小港湾，每年都有来自各地的游轮在这里停靠，到卑尔根以及布道石的船也都在这。

惊险无比的布道石，敢于直面的都是勇士。

a 华沙（Warsaw）（10:35）乘火车到斯塔万格（12:40），DY1031，共 73 美元

b 斯塔万格机场乘 9 路公交到中心湖边总站，37 挪威克朗

c 斯塔万格乘轮渡到码头，单程 47 挪威克朗

d 码头往返布道石巴士，往返 160 挪威克朗

　　第二天，在酒店用过丰盛的免费早餐之后，我就来到码头，开始布道石（Preikestolen）一日游。去布道石需要先坐渡轮再换大巴。下船换了巴士以后，去布道石的路就一直是盘山公路了。

　　到布道石的大巴最晚只开到 9 月 30 日，而且 9 月只在周末开，所以我的行程都只能围绕这个时间来安排，定在 7 月中旬较好。如果 10 月后再去，只能打车或者徒步了。

　　大巴终点站在山脚下停车场，停车场旁边有一个湖。下了车朝布道石方向走的挪威文是 Preikestolen，英文是 Pulpit Rock，沿着这个指示牌上山。

　　布道石是挪威的峡湾旅游标志。604 米高的布道石是一块直插入峡湾的悬崖断壁，它是勇敢者的标志。有些风景，注定只属于少数人：那些不惧艰难，一路向前的人；那些独具匠心，不走寻常路的人；那些勇往直前，热爱自然的人。

　　登山刚开始，有一段砂石陡坡，所以鞋的防滑性很重要。除了开头的陡坡之外，还有 3 段很陡的石路，最长一段有 500 米。大约经过了 1.5 小时，我终于到达了顶点。

　　在布道石跳着、站着、坐着、趴着，远眺吕瑟峡湾的美丽风景，内心感到一阵激动。那样的风景，真的不仅仅是壮丽可以形容。起伏的山峦、蜿蜒的峡湾，以及峡湾中漂浮着的游船……如次第展开一幅风景长卷。不过布道石因为陡峭直立于峡湾之上，地势高且开阔，常常会刮起不小的风，站在

7月21日

10:35–12:40

华沙（Warsaw）— 斯塔万格（Stavanger）

12:40–18:00

斯塔万格机场—中心湖边总站—斯塔万格古城

7月22日

07:30–08:00

斯塔万格（Stavanger）—Tau 码头

188　欧洲，穷游也行

惊险的奇迹石，你敢去试一试吗？

布道石边缘拍照时，我心中的恐惧是之前从来没有过的，但再看眼前的风景，感觉就不一样了。我真的非常喜欢这里。

奇迹石
自然界十大不可思议之一

另一个景点奇迹石（Kjeragbolten）就更惊险了。奇迹石是夹在两个悬崖间的一块球形巨石，敢上去站一站的真是勇士。在去布道石的渡船码头附近有直达奇迹石的公交，但是每天去和回都只有一班，如果没有赶上去的车，那想去的话就只能等到次日。如果没有赶上回来的车，那就在山上露宿了，所以掌握好时间很重要。

公交会直接开到登山起点。登山的路线就是翻过三座山，第一座山是最陡的，第二座相对比较省

我的住宿（7月21日-7月23日）

住在斯塔万格的 Comfort Hotel Stavanger（No. 957896881）

地址：Klubbgata 3，Stavanger，4013，挪威

电话：+4751201400

08:00-09:00	09:00-10:30	12:30-13:40
Tau 码头—布道石（PreiRstolen）山脚停车场	山脚—山顶	布道石（PreiRstolen）山顶—山脚停车场

a. Comfort Hotel Stavanger 位置靠市中心，早餐供应是经济型酒店中最丰富的一个，自助厨房很大设备很全，酒店有很好的地理位置和各种很好的软件硬件。

b. 需要带的装备：

（1）合适的衣物：轻便、透气、防雨。

（2）登山鞋。

（3）充足的水、食品，山上没厕所，没吃的，需要自己做好准备。

c. 挪威最佳旅游时间是在 7、8 月份，这段时间所有景区都开放，进入 9 月气温开始下降，降雨也开始增多，一些景区和服务设施会相继关闭，到 9 月底很多渡轮、巴士线路就彻底停运了。

d. 去布道石需要先坐渡轮再换大巴，可以分别单独分段买票或者上网买旅游套票。巴士有不同公司的线路，票不通用。我建议分段买票，这样比较灵活，但会稍微贵一点。在渡轮上可以现场买渡轮再换大巴的往返票。

e. 酒店会提供去往布道石的船只时刻表，部分酒店还有接人服务。如果住的酒店较远，码头每天有绿色巴士到下面 2 个酒店门口或公交站接送，时间为：Park Inn Stavanger，07:45、08:20 和 St.Svithun Hotell，07:47、08:22。

力，第三座上坡也有些困难，之后会经过非常长的一段平缓的坡，是观景的好时机。有的陡峭的坡接近 90 度，幸好旁边会有辅助攀登的铁链，而 40 度左右的坡就什么装置都没有了，这时候如果有登山鞋就会方便很多。

沿着山路行走，会看到很多北欧特有的植物和动物，这些生命，一年的大多数时间都被掩埋在冰雪之下，它们绝对不会放过任何一个展示自己的机会。虽然植物很矮小，但却有很多鲜艳的颜色，星星点点，让人着迷。

远望奇迹石，只不过是两山之间夹着的小圆点。

在穿过一片冰川后，抵达奇迹石。千年的冰雪依然没有融化，阳光开始穿过云彩，照在山间。它就像是这座山的瑰宝，夹在两座山之间，此情此景是对大自然鬼斧神工的最好诠释，没有任何艺术家能和自然相媲美。当然，要亲身感受这鬼斧神工，必须历经劳累，克服自己的心理恐惧。

这块有 5 立方米大的石头卡在绝壁间，吸引着世界各地的旅行者到此。石头周围没有任何的保护措施，表面只有不到 5 平方米的面积，下面则是万丈深渊，站上去的人一旦打滑就会粉身碎骨。作为"奖励"，如果你有胆量爬到奇迹石上面，谷底的无限风光便可一览无余。

这个景点要花整整一天的时间，体力消耗很大，年龄大的不建议攀登。而且像当天我穿的这种普通运动鞋抓地力不够的，大家去的时候可以提前做好准备。

卑尔根 Bergen

品味最美海湾风情

在斯塔万格的酒店用过早餐之后，我来到湖边巴士总站，乘车去卑尔根（Bergen）。

从斯塔万格（Stavanger）到卑尔根（Bergen），汽车沿海岸线行驶，途中三次穿行海底隧道，两次借助渡轮，沿途景色异常美丽。

到达卑尔根汽车总站之后，我和别人拼车到乘船码头，寄存行李后，步行15分钟去市中心。

卑尔根是挪威的第二大城市，位于挪威西南岸的瓦根和普迪峡湾之间，濒临大西洋。彩色，是卑尔根最大的特点。市中心环绕着美丽的海港，我在行走途中看到不少中世纪教堂，还在花坛周边拍了不少照片。中餐在卑尔根尝了尝帝王蟹。

绿草茵茵，红花艳艳。

挪威的希尔克内斯小城是挪威最著名的生产帝王蟹的地方。希尔克内斯位于巴伦支海岸，与俄罗斯交界。帝王蟹生活于世界上很多寒冷的海域，但据说巴伦支海这一带原本并没有帝王蟹，是俄罗斯的船只将帝王蟹带到这一带来的，而附近海域因为没有天敌而食物又极端丰富，帝王蟹有点"泛滥"。随便放个笼子下去，都会上来很多帝王蟹。只不过挪威跟俄罗斯为了控制帝王蟹的价格，限制捕捞。

从卑尔根（Bergen）出发的邮轮晚 8 点准时起航，第二天途经奥勒松（Alesund），于中午到达盖朗厄尔峡湾（Geiranger fjorden）小镇。沿途有一段

7月23日

08:15–13:45

斯塔万格（Stavanger）—卑尔根（Bergen）

13:45–20:00

卑尔根汽车总站—乘船码头—市中心（Floyen 山、布吕根世界遗产、鱼市）—码头

7月24日

20:00–13:15

卑尔根（Bergen）—盖朗厄尔峡湾（Geiranger fjorden）

是非常经典的旅程，沿着弯弯曲曲的海岸穿行，两边都是高山峻岭，山顶上还挂着白皑皑的雪，途中还可以看见七姐妹瀑布。在船上，海风吹着非常寒冷，特别是船顶上，海风更加猛烈，不过我还是挡不住强烈的新鲜感，拍日落拍日出，并暗自庆幸还好穿了厚实的衣服。

到达盖朗厄尔峡湾小镇港口后，邮轮用小船把要下船的乘客载往盖朗码头靠岸。盖朗的景色很美丽，山上烟雾缭绕。盖朗厄尔村是游客游盖朗厄尔峡湾的必到之地，特别是夏季，游人络绎不绝，是挪威最受欢迎的旅游地之一。人们可从这出发去观看著名的布里克斯达尔（Briksdal）冰川。

我订的酒店就在码头边上，是小镇为数不多可选择的酒店。

入住放好行李后，首先来到码头准备乘车去观景台，却被告知通往观景台的道路全线封闭，只好明天上午再去，行程也因此改变，今天便呆在酒店休息。

第二天，我早早来到码头旁的巴士站乘第一班车，先去弗里达斯悬崖（Flydalsjuvet）观景台远观盖朗厄尔峡湾源头全景，接着乘车去离码头20多千米的著名观景台 Dalsnibba 看雪山、湖泊等，在那里，还可以近距离接触布里克斯达尔（Briksdal）雪山冰川。之后，我来到码头乘轮渡去海勒叙尔特（Hellesylt）。

从盖朗厄尔小镇乘轮渡到海勒叙尔特（Hellesylt）

我的交通 7月23日－7月25日

斯塔万格（Stavanger）（08:15）乘火车到卑尔根（Bergen）（13:45），550挪威克朗

卑尔根汽车总站乘的士到乘船码头，30挪威克朗

卑尔根（Bergen）乘夜船（20:00）到盖朗厄尔峡湾（Geiranger fjorden）（13:15），132美元

盖朗厄尔小镇乘船前往海勒叙尔特（Hellesylt），160挪威克朗

海勒叙尔特（Hellesylt）乘车到奥勒松（Alesund），326挪威克朗

7月25日

07:00-12:00
弗里达斯悬崖（Flydalsjuvet）观景台—Dalsnibba观景台—酒店—码头

12:00-14:00
盖朗厄尔小镇—海勒叙尔特（Hellesylt）—加油站站牌

14:00-16:00
海勒叙尔特（Hellesylt）—奥勒松（Alesund）

16:00-22:00
奥勒松码头广场—阿克斯拉山—奥勒松市区

可以上船刷卡买票。今天天气很好，七姐妹瀑布水流量比昨天大，也更加壮观。在盖朗厄尔峡湾中行驶大约 1 小时，中途若是经过瀑布、沿岸小屋等美丽风景，船内都会有广播解说，十分贴心。轮渡到海勒叙尔特（Hellesylt）上岸。

海勒叙尔特是个依山傍海的小渔村，很像一个风景优美的度假村。上岸走一段路，经过古石桥，会看到一处很漂亮的瀑布。在小村加油站旁有个汽车停靠站，再乘巴士到奥勒松（Alesund），依然可以上车刷卡买票。

从海勒叙尔特（Hellesylt）到奥勒松（Alesund）这半天的行程就是坐大巴赶路，想不到最美的风景在路上。一路经过不同地貌，饱览不同风光，雪山、峡湾、冰川、森林不时擦肩而过，感觉眼睛都不够使。大巴还上了几次渡轮，但一路风景如画，一点都不觉得累。

奥勒松
金色阳光下的童话世界

奥勒松下车的地点在码头广场，位置非常好，机场巴士和邮轮都在这乘坐。

奥勒松位于北海之边，斯图尔峡湾将小城紧紧环抱，坐落在三座小岛之上的小城在峡湾的臂弯中显得风姿绰约。与挪威其他城市相比，奥勒松绝对是最清新、宁静的一个。我订的旅店就在阿克斯拉山脚下，放好行李后，出门对面就是阿克斯拉山。

山上是欣赏奥勒松全貌的最佳地点，只需冲着山顶走就好了。站在山顶俯瞰，奥勒松安详地飘在宁静的水面之上，如果不是偶尔有邮轮经过，真像一幅静止的画卷。另一面则面对巍峨的雪山，秀美

a. 从卑尔根到盖朗厄尔的游轮票网站：http://www.hurtigruten.com，这条路线仅每年4月15号到8月31号开放。其他时间可能只有从奥勒松出发去盖朗厄尔了。

b. 建议上甲板时戴帽子，穿戴好，夏季风还是很大很冷。6楼也有甲板，可以拍到轮船前方景色。一路景色都特别漂亮。

c. 弗里达斯悬崖（Flydalsjuvet）是拍摄盖朗厄尔峡湾及盖朗厄尔小镇最佳位置，效果震撼。

d. 不可错过的盖朗厄尔峡湾观景台，无论是清晨，还是白天，亦或是傍晚，都可以拍到很美的照片。但去盖朗厄尔峡湾观景台沿途没有卫生间，可以找树丛解决。

山水环绕的奥勒松。

壮观。

　　下山后，看着地图走过大街，进入迂回曲折的街道，行人寥寥无几。我来到石桥边，看倒映在水中，色彩缤纷如童话般的尖顶小房子被夕阳涂抹上一层金色，如梦似幻的镜像被静止成一幅幅油画。

　　我站在小桥上，久久地凝望着这座小城，水边那些彩色的小房子几乎就是奥勒松的标志，弯弯曲曲的水路分割了街区，游艇停泊在水中，阳光灿烂。海水似柔美的蓝色缎带穿城而过，水中的倒影五彩斑斓。我沉醉在这美丽的画卷中，待回过神来，才发现天色已晚，便一人匆匆返回旅店。

奥斯陆 Oslo

轻松惬意的首都之旅

　　第二天一早，我5点就来到奥勒松码头乘机场巴士，乘机场巴士到达奥勒松AES机场，乘飞机前往奥斯陆（Oslo）。

　　挪威首都奥斯陆，位于挪威东南奥斯陆湾的北端，环山面海，空气湿润，气候适宜，是全国最大的城市，也是政治、经济和文化中心。奥斯陆面积为454平方千米，人口约50万。城市面积的75％为森林和绿地，人均绿化面积居欧洲各国首都之首。

　　这趟飞机最大的亮点是可以在空中俯瞰峡湾的全貌，这可比坐船看到的景色壮观多了。从空中看奥勒松就像漂浮在峡湾中的几片叶子，仿佛一阵洪流就会把它们卷入远处的大海。

维格兰雕塑公园
一个人的雕塑公园

　　到达奥斯陆加勒穆恩机场之后，我买了机场到市区的NSB铁路火车票，前

我的交通 7月26日—7月27日

a 奥勒松（Alesund）（07:00）乘飞机到奥斯陆（Oslo）（07:50），DY401，共69美元

b 奥斯陆机场与市区的NSB铁路火车，往返180挪威克朗

c 奥斯陆（Oslo）（13:00）乘飞机到雷克雅未克（Reykjavik）（13:50），DY1170，150.9欧元

壮观的维格兰雕塑公园。

往酒店。

酒店在市中心最重要的商业步行街——卡尔·约翰大街旁边，这里是奥斯陆最中心地段。火车到达中央火车站，步行10分钟到达酒店，放好行李，我马上出门返回中央火车站乘3站地铁，再乘20路巴士到维格兰雕塑公园。

奥斯陆维格兰雕塑公园以挪威著名雕塑大师古斯塔夫·维格兰的名字命名，公园有192座雕塑，总计有650个人物雕像，主要是人物形象，男女老少栩栩如生，喜怒哀乐淋漓尽致，表现了人从出生至死亡的各个时期的情况，给观者以许多有关人生的启示，因而又有人把它称为"人生旅途公园"。这些由铜、铁和花岗石制成的雕像，全部是维格兰心血的结晶，可以说这是他一个人的雕塑公园。之后我返回酒店，解决午饭。

易卜生纪念馆
文学皇帝的"精神皇宫"

我的住宿 [7月26日—7月27日]

a 住在奥斯陆的Sentrum Pensjonat & Hostel（No. 894541233）

地　址：Tollbugata 8, Sentrum Oslo, 0152, 挪威

电话：+4722335580

来到奥斯陆，不能不去参观亨利克·易卜生（Henrik Ibsen, 1828—1906）纪念馆，这位欧洲近代戏剧的创始人，他的名字在挪威妇孺皆知。

这位大师通过他笔下那些影响深远的剧作《玩偶之家》《群鬼》《人民公敌》等，让历史记住了他，也让世界认识了挪威。易卜生故居纪念馆位于奥斯陆老城区阿里宾大街、皇宫花园的南侧。在国外飘荡27年后，易卜生回国居住了11年。虽经历史的沉淀，但一切都被原封不动地保存着。一楼是史料展览，那个圆鼻子、矮个子的老者，卷发张扬却表情严肃，但在这个外表下，却是一颗充满激情的喷薄之心。

世界级的戏剧大师易卜生纪念馆。

7月26日

07:00-07:50	07:50-12:00	12:00-13:00
奥勒松（Alesund）—奥斯陆（Oslo）	奥斯陆机场—酒店—维格兰雕塑公园—酒店	酒店午餐

跟随讲解员来到二楼，进入易卜生的卧室需要换上鞋套。屋内的设置很显奢华，昏暗的灯光摇曳下，雍容华贵，尤其是墙角的陶瓷壁炉，精美至极。而易卜生的书房是陈设最多的地方，因此保护得也最为完善，只能隔着玻璃看。

当然，除了易卜生纪念馆，奥斯陆处处可以找到易卜生的踪迹。拥有 100 多年历史的格兰德饭店是一座路易十六复兴风格的建筑，拥有双重斜面屋顶、雕刻外墙以及铜塔楼，具有新艺术主义特色。饭店一层的格兰德咖啡厅是当年易卜生和其他著名艺术家们经常聚会的场所，而他的小桌子如今已经成了咖啡馆的收藏品，被单独放在一个地方供人们参观。而饭店外面的马路上还刻着易卜生戏剧里的名言。奥斯陆两年举办一次的易卜生戏剧节更是挪威人向他表达敬意的最有力的方式。

任何一个国家都拥有藉以满足本国人民自豪感的独有的灵魂式人物，挪威国宝级戏剧大师易卜生就是挪威国民心中的瑰宝。

奥斯陆市政厅
瞻仰诺贝尔和平奖的颁奖地

26 号下午先去奥斯陆市政厅。市政厅坐落在整座城市最早兴起的海滨，面向奥斯陆峡湾，由两座高耸的塔楼和敦实的裙房组成，呈"凹"字形，漂亮的红砖塔楼和墙面上的时钟让人印象深刻。

奥斯陆是诺贝尔和平奖的颁奖地，每年的颁奖仪式都在奥斯陆市政厅内举行。市政厅前有一个很大的阶梯式喷泉，主入口在背海的北面，我顺着两边的台阶走向市政大厅，两侧走廊的墙壁上有许多壁画，这些作品题材大多表现挪威历史、自然和社会生活等内容，风格粗犷有力，令人流连。

市政厅南面是码头广场，岸边停靠着许多船，这里是游览奥斯陆近郊及峡湾海岸的出发地。码头广场中心有个喷水池，池子中央立有高柱子，顶端立着

7 月 27 日

13:00-19:00	08:30-13:00	13:00-13:50
酒店—市政厅—诺贝尔和平中心—码头广场—美术馆—皇宫—酒店	酒店—皇宫—市政厅—易卜生纪念馆—酒店—中央火车站—机场	奥斯陆（Oslo）—雷克雅未克（Reykjavik）

TIPS 穷游小贴士

a 奥斯陆加勒穆恩机场到市区有
NSB 铁路火车和机场快线，两家
公司售票机摆在一起，要分清彼
此。快线比火车贵很多。

b 奥斯陆每年积雪期有 120 天，
具有出色的开展冬季运动的自然
环境，尤其适于越野滑雪，市中
心有世界闻名的比斯雷特速度滑
冰场。喜欢滑冰的旅友可以考虑
冬天去哦。

幸福的一家子：父亲、母亲、孩子。

奥斯陆市内没有林立的摩天大楼，街道两旁的
楼房大多只有六七层高，大街上的人远比西欧、南
欧各城市的人少得多。在奥斯陆常看到人们逍遥地
在露天茶座上喝咖啡，还有人安详地在街头公园里
休息。

接着前行，沿着美术馆门口的 Kristian IVs Gate
大道一路往西走，大约步行 10 分钟，就来到了皇
宫。皇宫每天下午 1 点半的士兵换岗，值得看看。
皇宫是挪威王室的居所和办公地方，这里还举办国
宴，招待重要的贵宾和各国领导人。宫殿外的皇家
花园百花齐放，绿荫怡人，令人陶醉不已。

看完这些景点，天色已晚，我便依依不舍回到
酒店。第二天，我又去皇宫和市政厅参观，还特意
去了易卜生纪念馆，在中午来到机场，准备前往冰
岛首都雷克雅未克。

美丽的奥斯陆市区。

ICE 冰岛
LAND

冰川、温泉共筑"冰火世界"

除了神奇的生物和壮观的火山、
瀑布、冰盖，冰岛更让人铭记于心的是大自然隐藏的
能量和改变世界陆地形状的巨大力量。四大冰川的神奇已让人叹
为观止，丰富的地热资源温泉更让人乐享。这是不是欧洲的尽头？这一片
陆地的纯净让人沉醉。

雷克雅未克 Reykjavik

非比寻常的蓝湖

中午 13:00，我从奥斯陆（Oslo）乘飞机前往雷克雅未克（Reykjavik），飞机飞行了 1 小时 50 分钟，由于时差 2 小时，到达冰岛才 13:50。

出了机场大门，我明显感到气温低了很多而且风很大，从机场到市区，我先报名参加当地旅行社组织的雷克雅未克之旅（Reykjavik Tour），去游蓝湖，然后从蓝湖到市区的酒店。

下午 14:15，我乘当地旅游公司巴士准时去蓝湖（Blue Lagoon），沿途公路两旁堆积着黑黑的大大小小的火山石，远远就闻到有一股很浓的硫磺味，热气腾腾。

蓝湖是一处地热温泉，湖水呈蓝色和乳白色，富含火山矿物质，人们称蓝湖是个"天然美容院"，同时也是著名的旅游景点，我选择了在蓝湖泡澡。湖底很滑，很暖，很温柔，在温热的温泉里敷着矾泥面膜，还有不少人在温泉里举杯饮酒，生活很惬意。

结束泡澡后，到停车场乘车，从蓝湖返回，我来到预订的酒店，一顿丰盛

a 奥斯陆（13:00）乘飞机到霍克雅未克（13:50），DY1170，150.9欧

b 雷克雅未克机场—蓝湖—酒店 汽车

热气腾腾的蓝湖温泉。

的晚餐之后早早休息。

　　冰岛的白天特别长，不到5点天就亮了。起床洗漱后，不到7点我就出门了。

　　出酒店大门，穿过海滨大道，不远处的海边可以看见冰岛的标志物——太阳方舟。太阳方舟是钢制的，形状是以古代维京船的式样设计的，虽然下着毛毛细雨，但还是非常漂亮。

　　不到8点，天就放晴了，继续沿着海边走，可以看到一个宏大的建筑，外墙全部是蓝色玻璃，造型现代。向右走是老港口，还有一艘军舰。不远处就是出海观鲸、海岛观鸟的码头。

　　回到海滨大道，很快就来到了托宁湖（Tjörnin）畔，这一带是雷克雅未克的中心区，市内一些主要建

7月27日

13:00-13:50	13:50-18:00
奥斯陆（Oslo）—雷克雅未克（Reykjavik）	雷克雅未克机场—蓝湖—酒店

7月28日

06:30-11:30	11:30-12:30	12:30-17:00
太阳方舟—老港口—海滨大道—托宁湖畔	午餐	托宁湖畔—哈尔格林姆斯教堂（Hallgrimskirkja）—老城步行街

筑物，像议会大厦、市政厅、雷克雅未克大学、国家博物馆和大教堂等都环绕在湖的周围，景致动人。市政厅面向湖水，内有一个冰岛模型，十分壮观。

托宁湖尽管不是冰岛最大的湖泊，但却是最知名的一个。大多数前往雷克雅未克的游客都会在托宁湖边漫步，湖中有很多鸭子、海鸥、天鹅等野生动物。

午饭之后，过街向东走到老城，一路看着热闹的商店街景，就到了位于最高处的哈尔格林姆斯教堂（Hallgrímskirkja），它是冰岛最大的教堂，同时也以 74.5 米高成为冰岛第六高的建筑。

教堂以冰岛著名的牧师及诗人 Hallgrímur Pétursson 的名字命名。作为市区最重要的地标，在市区的任何角落都可以看到它显著的高塔。通过教堂内部的电梯可以到达顶部的观景台，在这里可以欣赏整个雷克雅未克群山环绕的美景。教堂内部还有一个巨大的管风琴，高 15 米，重达 25 吨。在教堂前面的广场上矗立着探险家莱夫·埃里克逊的雕像。

参观完雷克雅未克的市区美景，我便回到酒店休息。

异常壮观的雷克雅未克地标性
建筑。

雷克雅未克周边 Around Reykjavik

蔚蓝的"水晶世界"

第三天，我参加了冰岛旅行社组织的一日游。

冰岛旅行社的巴士在 7:30 从酒店接我去总站大厅，用网上购买的邮件订单到相应旅游公司窗口打印乘车票，8 点准时出发。

这一天的旅行前往的是位于南海岸的杰古沙龙冰川湖（Jokulsarlon Glacier Lagoon）。沿途我们经过了斯科加瀑布（Skógafoss）和塞里雅兰瀑布（Seljalandsfoss）。斯科加瀑布（Skógafoss）高 60 米，是冰岛最大的瀑布之一，在这里我看到了双彩虹，十分美丽。更神奇的是，瀑布旁有小路直通山顶，可以看到瀑布上游。塞里雅兰瀑布（Seljalandsfoss）也有将近 60 米高，透过瀑布

7 月 29 日		7 月 30 日
07:00–08:00	08:00–22:40	08:00–08:30
酒店—总站大厅	斯科加瀑布（Skogafoss）—塞里雅兰瀑布（Seljalandsfoss）—杰古沙龙冰川湖（Jokulsarlon Glacier Lagoon）—瓦特纳冰川—酒店	酒店—总站大厅

我的交通 （7月29日—7月31日）

a 7月29日、30日冰岛旅行社
汽车

b 机场巴士总站—机场，2500
冰岛克朗

c 雷克雅未克（14:35）乘飞机
到奥斯陆（19:15），DY1171，
134.8欧

仍然能看到彩虹，悬崖底部有一条可供游人穿过的小径，可以走到瀑布的后面，这种感觉非常棒。瀑布是冰岛一号环岛公路旁的一道靓丽风景。

之后到达杰古沙龙冰川湖，乘水陆两栖船游览冰川湖，这是我在冰岛最美妙的体验：形状各异的超大冰块从身边掠过，浮冰呈现出水晶蓝或雪白色，巨大的冰块从冰川上坠落，被连绵不绝地"送"至河中。除了偶尔的冰裂声，只有大自然最原始的静谧。震撼之余，也陶醉其中，眼前这一湖蔚蓝的"水晶世界"，壮观而神奇。

杰古沙龙冰川形成于数百年前，每年都越来越大。在这里，还可以看到欧洲最大的断裂冰川——瓦特纳冰川。据说好莱坞007系列电影《择日而亡》，还有电影《古墓丽影》《蝙蝠侠：开战时刻》都曾在此取景拍摄。

游至兴奋时候，导游美女捞起了一块冰给我"品尝"，我惊讶地去尝试了一口，丝毫没有怪味，跟纯净的矿泉水一样。这也可以从侧面看出冰岛的环保理念很强，尽管这里每年要接待很多游客，却依然能保证冰川不受污染。结束了让人耳目一新的冰川湖游船，我回到雷克雅未克，旅行社负责把我送达酒店门口。

后一天的旅行依旧是

"好大一块冰，我来尝尝"。

7月31日

08:30—17:30	06:30—10:00	14:35—19:15
辛格韦德利国家公园（Þingvellir National Park）—黄金瀑布（Gullfoss）—盖歇尔间歇泉（Geysir）	太阳方舟—托宁湖畔—酒店—机场巴士总站—雷克雅未克机场	雷克雅未克（Reykjavik）—奥斯陆（Oslo）

a. 要记得拿一份雷克雅未克机场及雷克雅未克机场巴士发车时刻表，以免不必要的等候。

b. 雷克雅维克的主街叫做Laugarvegur，廉价超市BONUS就在这条街上。这个超市不仅商品齐全，而且价格的确很便宜，强烈推荐。只不过BONUS的营业时间比较短，如果参加了One Day Tour，就很可能赶不上去BONUS买东西了。

c. 订杰古沙龙冰川湖、辛格韦德利国家公园等旅行社的网站：www.grayline.is

跟随旅行社，8点冰岛旅游公司小巴准时到酒店门口接去总站大厅换票，用网上购买的邮件订单到相应旅游公司窗口打印乘车票，8:30准时出发。

第一站我们来到了辛格韦德利国家公园（Þingvellir National Park），这里是世界文化遗产，世界上最早的议会便在此召开。美洲板块和亚欧板块在这里分裂留下裂痕，形成了奇特的地质奇观，一路崇山峻岭，煞是壮观。

从国家公园来到黄金瀑布（Gullfoss）。这是冰岛最壮观的瀑布之一，气势恢宏，很远就能听到巨大的声响，两层瀑布非常壮观美丽，加上彩虹显得格外漂亮。瀑布一层一层地流下悬崖，进入远处的峡谷，声音震耳欲聋，气势磅礴。

之后前往盖歇尔间歇泉（Geysir）。盖歇尔间歇泉是冰岛喷水高度最高的间歇泉，周边还有50多座间歇泉。这片间歇泉区属于雷克雅未克周边黄金三角的旅游路线。看到Geysir的时候很震撼，泉水真的是蓝色的，它喷涌出的大蓝泡很美。间歇泉大约每7分钟会喷出一次，间歇泉从酝酿到喷发再到回落的过程很有意思，非常美丽。

下午5:30，结束了今天的行程，旅行社依然把我送达酒店门口。我早早休息，准备明天的旅程。

早起沐浴后吃了早餐，备好午餐，收拾好行李，又奔海边的太阳方舟去了。太阳方舟在朝阳的照耀下，非常漂亮。对面的远山被阳光照耀着，缺少了伟岸，多了点温柔。之后我又去了一趟托宁湖畔，之后步行到机场巴士总站，用预订邮件在柜台换票，乘11:30的机场巴士去机场，乘机前往奥斯陆，再转机前往哥本哈根。

DEN
SWEDEN

丹麦
MARK
瑞典

和童话来个
浪漫约会

北欧从不缺少童话，也不缺少浪漫
和美丽。除了"童话王国"的美誉，古老的丹麦还拥
有灿烂的城堡、诗意的田园风情以及格陵兰壮美的冰川，跟随安
徒生一起寻回童真时代的美好记忆吧。

而邻国瑞典，是一片春秋短暂、冬夏分明的安宁王国，典型的北国自然风光
让人流连忘返。换岗仪式让人重回古老时代，带着敬意瞻仰诺贝尔故居，
昔着期待迎接五彩极光，"北方威尼斯"，美丽就是这么纯粹。

哥本哈根 Copenhagen

感受欧洲最长的步行街

简单地吃了早餐之后，我从奥斯陆乘飞机前往哥本哈根机场。我到达的是 T2 航站楼，T1、T2、T3 航站楼之间都有免费机场穿梭巴士。我乘免费机场穿梭巴士从 T2 到 T3，再转乘与 T3 相接的地铁到达市中心。从机场乘火车前往中央火车站，再从火车站左边门出站，穿过马路，到旅店寄存行李，拿免费地图，请工作人员标示景点线路及乘车地点。

之后，我乘坐 26 路巴士从市中心西南部的哥本哈根中央站到最远的小美人鱼铜像所在的东北部下车，开始今天的游览。

丹麦王国首都哥本哈根，位于丹麦西兰岛东部，波罗的海和北海之间的厄勒海峡（Øresund）西岸，与瑞典重要海港马尔默遥遥相对。它是丹麦政治、经济、文化的中心，全国最大和最重要的城市，是北欧最大的城市，也是著名的古城。

在哥本哈根，你可以选择任何一种喜欢的方式游览这座魅力之都。整个城市的重要景点都集中在哥本哈根中央火车站到人鱼铜像一带，大约半径约 2 千米的范围内，完全可以徒步游览。

漫步哥本哈根
童话世界初相逢

    提起哥本哈根，你的脑海里一定会蹦出三个词"美人鱼、安徒生、童话"，所以第一站沿着海港小码头，我来到了长堤公园看美人鱼铜像。铜像已成为哥本哈根甚至丹麦的象征，每个到哥本哈根来的游客，必到这尊铜像前，再温习一遍那个美丽忧伤的故事。

    穿过长堤公园和石桥，就到了同样闻名于世的"盖费昂喷泉"。喷泉由吉菲昂女神和四头牛及套犁等一组铜塑组成。吉菲昂女神左手扶犁，右手执鞭，驾驭着四头铜牛拼力耕犁。四头铜牛躬身抵角，奋力拉犁，形态各异，栩栩如生。

举世闻名的盖费昂喷泉。

喷泉从铜牛的鼻孔中喷出，形同垂瀑。台基周围用花岗石随道路的坡度延伸围成一泓水池，所有泉水汇集池内。水池内两边各有一条铜铸巨蟒盘缠，左右两股喷泉，直注铜牛，十分壮观，让人难忘。

再往前就是卡斯特雷特城堡，这里曾是北欧的防御工事，现在成为丹麦的现代军事基地，外观呈五角星形，在地图上非常明显，也算是地标性建筑。由于涉及到军事机密，卡斯特雷特城堡只可以在公共区域进行参观和拍照，并要遵守城堡内的图标指示行动。

之后前往东北面的洛森堡宫（Rosenborg Castle），又称玫瑰堡宫。整个城堡被护城河围绕，旁边的花园种满了玫瑰，很漂亮。这里原本只是由一个花园和一座亭子组成，后来这个亭子被不断扩建并增加了很多附属建筑。如今，这个皇宫被用来收藏丹麦皇家的室内摆设、肖像、手工艺品等，丹麦的王冠和其他王室珠宝均收藏在此。

走出城堡花园，过街走一段就看见哥本哈根大理石教堂（The Marble Church，丹麦语：Marmorkirken），也叫"弗雷德里克丹麦哥本哈根大理石教堂"，是丹麦著名旅游景点。教堂位于阿美琳堡王宫广场东西轴线的西端，是丹麦规模最大的圆顶教堂。

当我步入教堂，就被巨大的圆顶震住了。圆顶直径有31米，上面绘有耶稣的12个使徒的画像。教堂内部的装饰与绘画庄重、大气、威严、高贵，我感觉欧洲游最为与众不同的就是可以通过艺术认识宗教，借着宗教了解文化并欣赏各种壁画、雕像以及绘满圣经故事的彩绘玻璃，这也为欧洲之旅增加了几分趣味。

走出教堂向东几步来到阿美琳堡王宫。王宫是华丽的哥特式建筑，由四座宫殿合围而成，形成了一个八边形广场。阿美琳堡王宫是丹麦王室的主要宫殿，丹麦女王夫妇及王室成员多数时间都在这里度过。宫前广场立着腓特烈五世国王骑马铜像，决定修建这座王宫的就是他。

哥本哈根有着欧洲甚至世界上最长的步行街，人来人往非常热闹。这条贯

07:40-08:50	08:50-11:30	11:30-12:00
奥斯陆（Oslo）—哥本哈根（Copenhagen）	哥本哈根机场—美人鱼铜像—盖费昂喷泉—卡斯特雷特城堡	卡斯特雷特城堡午餐

我的交通 （8月1日-8月2日）

a 奥斯陆（Oslo）（07:40）乘飞机到哥本哈根（Copenhagen）（08:50），DY932 航班，37.7 欧元

b 哥本哈根机场 T2 航站楼免费巴士到 T3 航站楼，转乘火车到中央火车站，36 丹麦克朗

c 26 路巴士前往美人鱼铜像

d 中央火车站乘火车到哥本哈根机场

e 哥本哈根（Copenhagen）（13:45）乘飞机到斯德哥尔摩（Stockholm）（14:55）

穿着哥本哈根最重要的建筑物和政治、商贸中心的"心脏地带"，在丹麦的地位举足轻重。步行街东起国王新广场，西至哥本哈根市政广场，中间还有个大型露天广场——阿麦广场。

广场中心有一座建于荷兰文艺复时期的鹳鸟喷泉。全街约有 200 多家商店，鳞次栉比，各具特色，令人目不暇接。既有百年老店、皇家商场，也有众多风格古朴的小店。

海的女儿
安徒生的唯美化身

因为第一天小美人鱼景点游人太多，拍照不理想，所以第二天我起个大早，轻车熟路又来到小美人鱼雕塑处拍照。这次很顺利，游人不多，光线也比昨天好。

小美人鱼铜像是一座世界闻名的铜像，位于哥

安徒生笔下的美人鱼。

8月2日

12:00-19:00

卡斯特雷特城堡—洛森堡宫（Rosenborg Castle）—哥本哈根大理石教堂（The Marble Church）—阿美琳堡王宫—步行街—哥本哈根市政广场

08:00-13:45

美人鱼铜像—新港运河码头—嘉士伯博物馆—步行街—市政厅广场—蒂伏利公园—中央火车站—哥本哈根机场

13:45-14:55

哥本哈根（Copenhagen）—斯德哥尔摩（Stockholm）

住在哥本哈根的 City Hotel Nebo（No. 166444035）

地　址：Istedgade 6，Vesterbro Copenhagen，1650，丹麦

电话：+4533211

仰望童话大师。

本哈根市中心东北部的长堤公园。远望这个人身鱼尾的美人鱼，她坐在一块巨大的花岗石上，恬静娴雅，悠闲自得。走近这座铜像，看到的却是一个神情忧郁、冥思苦想的少女。铜像高约 1.5 米，基石直径约 1.8 米，是丹麦雕刻家爱德华·艾瑞克森根据安徒生童话《海的女儿》铸塑的。

安徒生用艺术笔触成就了人鱼公主典范性的爱情悲剧，浪漫，精致，优雅，美丽。安徒生童话特有的艺术魅力也就在这优雅与高贵之中显现出来，极尽凄婉动人的描写，但绝不呼天抢地，而是内敛、含蓄地缠绕在读者的心上。

《海的女儿》将人、人的灵魂推到了一个崇高的地位，美人鱼不仅怀着坚贞信念，而且还怀着浪漫主义的强烈情怀。小美人鱼苦苦追求的"不灭的灵魂"其实就是安徒生理想中人的生命价值所在。

这个故事也是安徒生的真实写照。他出身贫寒，地位低微，在少年的时候，便展露出不凡的才华，为丹麦有钱的绅士所收养，供他教育。小美人鱼对人类的向往，便是安徒生对贵族权势的羡慕。为了进入高等社会，他像人鱼一样每一步都如行走在刀刃上，如履薄冰。安徒生置身权贵却格格不入，他抵挡着嘲笑、诽谤和侮辱，忍受内在的痛楚，寂寞与失败等精神痛苦，像小美人鱼一样为世间所不容。

最后，安徒生赋予小美人鱼勇敢追求爱情却以自我牺牲的方式毁灭，这与他一生的爱情悲剧有关。安徒生终生未娶，把自己对意中人爱而不得的情感深深埋藏在心里，正因为这种感情埋藏很深，最后起了突变，终于以海的女儿的形象展露出来。所以小美人鱼不是一个凭空幻想出来的，而是有真实感情做基础。小美人鱼对爱的执着，可以看作为理想而自强不息。

带着这些感受再看小美人鱼的雕塑，忽然感慨良多。

漫步丹麦海岸
感受嘉士伯文化

沿着海堤岸边来到新港运河码头时，我眼前顿时一亮，感觉有点像荷兰的阿姆斯特丹和威尼斯，运河两岸色彩缤纷的老房子、跨河的小桥、白色的游船和清澈的河水，成为这个城市最鲜艳、最夺目的地标。

北岸是生意兴隆的啤酒街，大家坐在露天餐厅里或岸边的河堤上，舒服地喝着咖啡晒着太阳。河中是穿梭往来的各色游艇。这一切在蓝天白云的映衬下构成了一幅童话般的画面。岸上铁锚的雕塑是哥本哈根新港运河码头的标志。

此外，我还参观了嘉士伯博物馆和由嘉士伯基金会赞助的人体艺术雕塑。丹麦嘉士伯公司是世界著名的啤酒酿造公司，但它早已不仅仅是一家啤酒二，其企业文化早已融入丹麦社会，成为丹麦不可分割的一部分，对丹麦科学的进步、社会的发展、

沿着海堤散步，微风吹着，感觉很好。

文化的传承发挥着重要的作用。基金会早在成立之初就确立了宗旨：要使所有丹麦人有机会观看和欣赏到世界级的艺术品原作，让所有的人生活在高品质的艺术品中。

丹麦老城
触摸厚重的丹麦历史

沧桑而立的雕像。

再次穿过步行街，一路走着，看着街头巷尾许多古老的雕塑，我感觉到这是个历史厚重的国家。来到市政厅广场，这里是丹麦四通八达的交通网络中心，广场上有 0 千米的起点，表示所有距哥本哈根的距离都从这里开始测量。

富丽堂皇的市政厅大厅面积 1500 平方米，主要用于结婚典礼和官方接待。市政厅正门上方的镀金塑像是哥本哈根的奠基人——阿布萨隆大主教。市政厅正门左侧，有一尊丹麦伟大的童话作家安徒生的雕像，默默仰望着蒂伏利公园，到访的游客都要与童话大师合影握手，沾染一下大师的气息。我也不例外。

登上广场内高 110 米的钟楼，就可俯览整个哥本哈根的全貌。在钟楼门的上方，人们可以看到著名的"世界钟"。该钟有 13 套机械装置同时运行，显示全球各地时间以及各种天文时间。

穿过市政广场往前走不远，就是著名的蒂伏利公园了，它是丹麦游人最多的地方，是最受丹麦人宠爱的童话公园。

之后，我来到哥本哈根中央火车站，刷卡买票，乘火车去机场，前往下一个国家瑞典。

a. 丹麦目前还未开放对中国游客的个人旅游签证，但其已加入申根协议，所以想要自助游的中国游客可以先办理申根国中任何一国的签证，再去丹麦旅游就畅通无阻了。

b. 交通和门票：哥本哈根公共交通交通发达，但相对国内价格较高，单次车票在 20 元人民币以上。博物馆景点部分免费，门票基本在 100 元人民币左右。如果时间充裕并游览范围大，建议使用哥本哈根城市卡，一卡在手，交通、门票全部搞定，大哥本哈根地区的火车汽车地铁游船全包括，甚至涵盖去机场和两座郊外城堡的费用。

c. 在哥本哈根，购物的首选地点，绝对是步行街。那里的商品琳琅满目，进驻着斯堪的纳维亚半岛上最大的皮革时装商店，Birger Christensen；丹麦图案精美的手工编织毛衣也非常有名，步行街上的毛衣市场（Sweater Market）是当今欧洲最大的编织服装店。在"ILLUM"商场，有着许多世界顶级品牌，是奢侈一族的购物胜地；而斯堪的纳维亚最大的购物中心"Fields"，则属于大众消费水准的百货商场。

d. 哥本哈根机场位于 4 区，市中心位于 3 区，买到市中心 3 区的票 36 丹麦克朗（火车、地铁和巴士都能乘坐，可以使用 3 小时），机器买票，只接受刷卡和硬币。机场距离市区 8 千米，地铁每 4 — 6 分钟就有一趟，很方便。从 M2 黄线 Lufthavnen 起点站，乘 9 站 15 分钟到达中央火车站下车。我是选择乘火车，火车票的售票大厅同样位于 T3 即 3 号航站楼，票价一样，36 丹麦克朗，内有电梯与火车月台相接。

e. 参考网站：

www.visitcopenhagen.com

www.norwegian.com

阳光下的红色建筑，跟丹麦的国旗一样艳丽。

斯 德 哥 尔 摩 Stockholm

感受最"平民"的皇宫

西格吐纳
童话般美好的迷你市政厅

我从哥本哈根到达斯德哥尔摩之后，出机场左拐，在 5 号站台乘 583 巴士
到终点站 Marsta station，换乘 570（或 575）巴士来到西格吐纳（Sigtuna）。

坐落在瑞典最大湖泊——梅拉伦湖畔的小镇西格吐纳（Sigtuna），是瑞典
历史上第一座城市，最早的首都，也是一座风景如画的中世纪小城。小城于公
元 980 年前后由当时的国王建立，这里铸造了瑞典最早的钱币；城中有 18 世纪
的市政厅，是欧洲最小的市政厅，里面有一间很小的会议室，只能容纳几个人；
还有一座迷你的童话小屋、街道和优美的湖畔风光。

游览后原路返回斯德哥尔摩，来到中央火车站。在火车站前就能看见高高
的大教堂，红身绿尖顶，十分显眼。我住的酒店就在大教堂对面，十分好找。

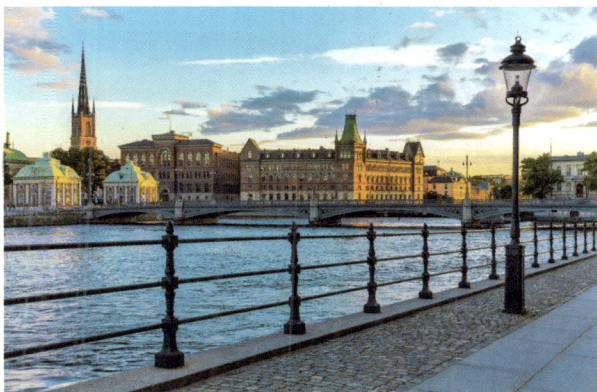

满天彩霞下的斯德哥尔摩海湾。

斯德哥尔摩
"北方威尼斯"的帆影霞光

我的交通 (8月2日–8月4日)

2 哥本哈根（Copenhagen）
（13:45）乘飞机到斯德哥尔摩
（Stockholm）（14:55），87美元

3 机场乘583巴士到终点站
Marsta station，换乘570或575
巴士到西格吐纳，日票，115瑞
典克朗

3 570或575巴士至Märsta站，
换乘J36线轻轨到达斯德哥尔摩
中央火车站，继续使用日票

3 53路巴士到维京码头，维京码
头乘船到斯康森公园，继续使用
日票

3 7路有轨电车到岸边，继续使
用日票

3 中央火车站旁乘45路巴士到维
京码头，票价26瑞士克朗

4 斯德哥尔摩（Stockholm）
（16:30）乘船前往赫尔辛
基（Helsinki）（09:50），M/S
Mariella，50欧元

斯德哥尔摩是瑞典首都，也是北欧岛屿最多的城市，市区分布在14座岛屿和一个半岛上，70余座桥梁将这些岛屿联为一体，因此享有"北方威尼斯"的美誉。这里也是诺贝尔的故乡。在两次世界大战中，因瑞典宣布为中立国，居民照常过着平静安宁的生活，斯德哥尔摩因此被人们称为"和平的城市"，当地众多古老的建筑、艺术品以及文化也得以完好地保存了下来。

晚餐后，我的第一站是皇后大街（Drottninggatan），这是斯德哥尔摩的一条著名的商业步行街，分为老街与新街，许多大商店都聚集于此。大街一头延伸到老城的购物街，另一头通向市中心的大马路，两旁是不计其数的商场、小店，专门经销服饰、食品、图书和工艺品。

走出步行街，来到老城区的斯塔丹岛上，瑞典皇宫便坐落在此，临海而建。这里是斯德哥尔摩最美丽的海湾。

斯德哥尔摩不愧有"北欧威尼斯"之称，运

河、古堡、教堂勾勒出一幅史诗般的画卷，众多河流，宽窄不一的街道，古典建筑，让人仿佛置身于童话之中。我沿着水边道路前行，迎着阵阵清风，一路饱览两岸诱人的风光。晚上满天彩霞下的海湾非常美。斯德哥尔摩交通发达，旅游很省力，我满心欢喜地乘一站地铁回酒店休息。

第二天早上，我持日票到火车站乘53路巴士去维京码头（Viking Line），岸边停靠着巨大的邮轮，这里是去芬兰邮轮的出发地点。到维京大厅咨询好明天乘船事宜，避免误事。

这张日票还可以乘游船。从维京码头出来乘车至 nybroplan 站下车，码头就在河边，把日票交给河边亭子里的工作人员办手续，凭热敏纸小票上船，到斯康森公园上岸。行驶中可以看见维京码头岸边停靠着的巨大邮轮。

乘船上岸，我就看见一对男女踩着高跷在游乐场门口迎接小朋友。到了斯康森公园，只要走几分钟路就到了瓦萨博物馆。博物馆顶部呈深红色，是一座桅杆状装饰的建筑物，远远望去就像停泊在水中的一艘战舰。这座建筑是一座半地下建筑，路上还有一个小小的植物博物馆可以参观，但由于中午还要到皇宫看换岗仪式，所以这些景点只看了外观，利用日票乘古色古香的7路有轨电车到最热闹的岸边拍拍照后，再乘巴士去老城。

斯德哥尔摩老城
"平民"皇宫，别样精彩

老城的历史可追溯至13世纪，城内有中世纪小巷、圆石街道和古式的建筑，深受北日耳曼式风格影响。由于瑞典200年来没有战争，老城保存完好，非常值得花点时间漫步其间，尤其是临河和临海的街道。干净的石板路，或狭窄或幽静，怎么走都不会厌，下个转角也许就会有惊喜，或是高耸的教堂顶，或是一排

8月2日

13:45–14:55	14:55–17:30	17:30–18:30	18:30–20:30
哥本哈根（Copenhagen）—斯德哥尔摩（Stockholm）	斯德哥尔摩机场—西格吐纳（Sigtuna）—西格吐纳市政厅—童话小屋—斯德哥尔摩 Märsta 站—斯德哥尔摩中央火车站—酒店	酒店晚餐	酒店—皇后大街—斯塔丹岛—酒店

安静的小店，或是一座雕塑在给你讲故事。

走过一座桥，就来到与老城一水之隔的圣灵岛（Helgeandsholmen）。此岛也是瑞典国会大厦的所在地。国家街将议会大厦分为东西两部分，议会大厦的东楼为长方形，西楼为半圆形。穿过国家街，可以看到市政厅和骑士岛的风景。

皇宫是瑞典国王办公和举行庆典的地方，也是斯德哥尔摩的主要旅游景点。皇宫方正宽敞，中间有一个很大的场院。如今瑞典王室并不住在这里，而是住在郊区的皇后岛，国王每天开车到皇宫来上班。这座皇宫开放的程度很高，皇宫内外大部分地方都能自由进出，随意参观。通过拱形门就能进入皇宫内广场，咖啡店也进驻了皇宫的内广场。原来皇室专用的皇宫教堂，至今保持着原有陈设，现在也对公众开放。

位于皇宫中心的门口站着皇家卫兵，不动声色地接受人们的频繁拍照。换岗仪式开始，卫兵们拉起绳子划定禁入界限，外广场已经围满了观众。皇家卫队的长官用瑞典语致辞，可惜我一句也听不懂。之后骑兵军乐队入场，在行进中的骑兵军乐队边演奏边变化队形，这是换岗仪式中最为精彩的部分。优美的乐曲，加上马蹄敲打石块铺成的地面的伴奏，实在是太动听了。换岗仪式隆重而热闹，持续30分钟。

出了皇宫过桥，来到当地非常著名的市政厅，

8月3日

08:00-12:00
酒店—维京码头（Viking Line）—斯康森公园（Skansen open-airmuseum）—瓦萨博物馆—老城—圣灵岛（Helgeandsholmen）

12:00-12:30
午餐

12:30-18:00
圣灵岛—皇宫—斯德哥尔摩市政厅—酒店

8月4日

08:00-11:30
酒店—斯德哥尔摩市政厅—斯德哥尔摩大教堂—皇宫—酒店—维京码头

a 住在斯德哥尔摩的 HOTEL City Lodge

地　址：Klara Norra Kyrkogate，瑞典

a 斯德哥尔摩是安静的北欧城市，适合度假或者小住一段。城市天空透蓝，当地人热情而友善，英语普及度极高，瑞典夏令时比中国晚6个小时，7—8月是当地人的夏休时段，每天有超过19个小时的日照，是旅游的好时光。

b 阿兰达机场至中央火车站的交通方式是出机场坐583路至Marsta station 站，换乘城铁J36线至 Stockholm C（地铁T-central），全程大概40分钟。

雄伟的斯德哥尔摩市政厅和周边休闲的人们。

这算是斯德哥尔摩的地标之一。这座红色方形建筑靠近海的方向有座100多米高的塔楼，登上这个最佳的观景点可以俯瞰整个斯德哥尔摩。一层大厅是举行诺贝尔颁奖晚宴的地方，二层的金色大厅金碧辉煌，四壁用镀金砖镶贴而成，梅拉伦湖女神壁画位于大厅尽头的墙上。

因为下午拍市政厅光线不理想，第二天一早，我又去了一趟市政厅。

早晨的阳光洒在位于国王岛（Kungsholmen）上的斯德哥尔摩市政厅，与昨天下午看到的漂亮了许多。出了市政厅，过桥来到斯德哥尔摩大教堂（Storkyrkan），大教堂正式名称为圣尼古拉教堂（Sankt Nikolai kyrka），是斯德哥尔摩老城最古老的教堂，也是瑞典风格哥特式建筑的典范。教堂内的圣乔治与龙的雕像非常值得一看。

之后再次到斯塔丹岛上的皇宫游览，去斯德哥尔摩最美丽的海湾边拍照。由于要回酒店取行李，乘11:30的巴士去维京码头，只好与斯德哥尔摩依依惜别。我来到中央火车站街旁，乘53路巴士到维京码头。在候船大厅解决午餐之后，用打印邮件去窗口换登船票，前往下一站——波罗的海边的美丽国家——芬兰。

FIN
LAND
芬兰

爱沙尼亚
ESTONIA
E

一路风光
一路惊喜

芬兰，"千岛之国"与"千湖之国"，浪漫的街道、温馨的建筑、可爱的圣诞老人和绝美的冰雪都汇聚在这片北欧的陆地上，还有神圣巍峨的大教堂、古朴的岩石教堂、灵动奇异的西贝柳斯公园……甚至连看似遥不可及的北极梦想，在这里，只要一迈脚，就能实现。

而在海的对面，闲暇小镇，古堡迷情，爱沙尼亚这个宁静的国度以其梦幻般的景色吸引着来自各地的游人们。北欧唯一的中世纪建筑群、哥特式的塔林市政厅、远眺波罗的海的古老堡垒……一切的一切，就在这个仿佛还没有被现代化打扰的国度里。

赫尔辛基 Helsinki

沉醉教堂和码头风光

白教堂
渐行渐近的历史中心

第二天起来已经天亮，船还没靠岸，在大海上一眼就能看见赫尔辛基大教堂——赫尔辛基的地标，主体建筑白色，顶端是淡绿色青铜圆拱的钟楼，高出海平面 80 多米，壮观美丽，让我心生向往。

上午 9:50，轮船停靠在赫尔辛基海港码头，下船随着人群沿着海港码头向北步行穿过海港旁的东正教大教堂和著名的露天市场（Market Square）码头 Kauppatori，再上个小坡就到达了我预定的酒店。

在酒店休息一会后，我先去最近的赫尔辛基大教堂（Helsinki Cathedral），也就是白教堂。教堂前的上议院广场（The Senate Square）竖立着建于 1894 年的沙皇亚历山大二世铜像，以纪念他给芬兰带来的广泛自治。

这里是芬兰的历史中心，也是芬兰新古典主义的中心。站在赫尔辛基大教堂台阶上环望四周建筑，包括大教堂、参议院、都市营理局和赫尔新基大学及其图书馆，都是新古典主义的代表作，赫尔辛基最古老的岩石建筑也位于此。

市集广场
逛市场，也能寻觅历史

紧接着来到赫尔辛基海港南码头，这里有著名的露天市场（Kauppatori Market Square），市集广场中央有个古老的纪念碑，建于 1835 年，是纪念尼古拉一世的妻子 1833 年第一次访问芬兰赫尔辛基而建的。碑顶是一只古铜铸双头老鹰站在地球上。

露天市场十分热闹，这里是市民和游人集中的地方。每天商贩们云集在这里，摆起小摊出售新鲜果蔬、海鲜和鲜花以及芬兰美食、服饰。

市集广场南边，还有座有百年历史的室内市场

坐标建筑赫尔辛基大教堂。

市集广场上贩卖饰品的小商贩们。

（Wanha Kauppahalli），它在 1889 年启用，是芬兰最古老的市集大堂，这里可以买到新鲜海产、新鲜瓜果蔬菜及地道的拉普兰美食。

爱斯普拉纳地公园
在赫尔辛基中心拥抱波罗的海的女儿

市集广场的东边是总统府，也是从前俄国沙皇的行宫，不过实在让人很难想象，总统府就在市集小摊后面。总统府门前，有一座著名的青铜喷泉雕塑——波罗的海的女儿。

设计师沃格伦在 1906 年造好这座雕像的时候，只是叫她小美人鱼。但两年后当这座雕像正式被安放在这里后，芬兰人给她起了个亲切的昵称——阿曼达（Amanda）。估计是因为雕塑顶端的美丽女孩儿其实并不是美人鱼，而是有两条腿，所以另起了个可爱的名字。

我的交通【8月5日】

a 斯 德 哥 尔 摩（Stockholm）（16:30）乘 船 到 赫 尔 辛 基（Helsinki）（09:50），50 欧

8月5日			
16:30–09:50	09:50–12:00	12:00–13:00	13:00–18:00
斯德哥尔摩（Stockholm）—赫尔辛基（Helsinki）	海港码头—酒店—赫尔辛基大教堂（Helsinki Cathedral）—露天市场（Market Square）—纪念碑	午餐	总统府—阿曼达雕塑—爱斯普拉纳地公园（Esplanadin Puisto）—坦佩利奥基奥教堂

我的住宿 【8月5日】

a. 住在赫尔辛基的 Kongressikoti Hotel（No. 501828230）

地　址：Snellmaninkatu 15 A, Eteläinen Suurpiiri, Helsinki, 00100, 芬兰

电话：+35840704400

将近两米高的阿曼达全裸站在喷水池中心的最顶端，高昂着头。在喷水池的基座上雕刻有四只海狮，向着池中心喷水。它象征着芬兰的新生，果然，在雕塑落成后的第九年，芬兰获得了独立。

整个雕塑呈现出一种庄严而又活泼的氛围，虽然颜色是黑绿色的，但仍然难掩阿曼达的妩媚动人。这也是为什么这个雕塑成了这座美丽城市的象征，赫尔辛基也从此被称作"波罗的海的女儿"了。

波罗的海的女儿就在爱斯普拉纳地公园（Esplanadin Puisto）最东端，地处赫尔辛基码头和曼海姆大街之间，其实就是两条路中间夹起来的狭长型公园。爱斯普拉纳地公园可以说是赫尔辛基的中心，经常有各种音乐活动在这举行。

今天看到很多街头艺术家在表演。很多游客在此散步，也是休闲居民的好去处，不少大人带着孩子吹彩色大泡泡，整个草地上挤满了晒日光浴的人，生活十分惬意。

接着我又去了岩石教堂。教堂又名坦佩利奥基奥教堂，有点远，从公园到火车站，再经过议会大厦大约走了半个多小时才到。人们来到这里都会为

嬉笑玩闹的游人们。

TIPS 穷游小贴士

a. 赫尔辛基大教堂的造型与伦敦的圣保罗大教堂相似，参观教堂的话建议从左手边上台阶，因为地势原因，这里的台阶比正面的要少很多。

b. 渡轮：赫尔辛基市每天有航行于爱沙尼亚、瑞典及德国间的多班渡轮。从露天市场（Kauppatori）出发前往芬兰堡（Suomenlinna）的 HKL 渡轮在夏季非常受欢迎，并且价格低廉。另外一条 HKL 的渡轮从 Katajanokka 东部出发。另外，夏季很多私人渡轮也提供前往芬兰堡和众多岛屿的航线。HSL 天票以及手机购票都可用于前往芬兰堡的渡轮。

c. 退税是很多国人出国会碰到的一个头疼的问题。一般有两种选择，一种是直接退现金，一种是写下地址、信用卡号之后退到卡里。因为退现金是按消费小票每张扣去 3 欧元，我购买的很零碎，所以选择退到卡里。

但是直到现在也没有收到回音，包括之前我去英国时购买的一些物件也一直没有等来退税。跟朋友交流关于退税的问题，也不是没有人通过退回卡里这种方式成功的。最稳妥的还是退现金吧，至少还能拿到钱。

这座别具创意的杰作惊叹不已，难以想象一整块坚硬的岩石内部是如何被打造成一座教堂的。

当站在教堂外，映入眼帘的是一块巨大的岩石，看不到一般教堂所具有的尖顶和钟楼，甚至都注意不到教堂的所在，只有一个直径 20 多米的淡蓝色铜制圆形拱顶暴露在岩石的最上面。

内部墙面仍为原有的岩石，整座教堂如同着陆的飞碟一般，非常奇特。屋顶采用圆顶，有一百条放射状的梁柱支撑，同时镶上透明玻璃，有了自然采光后丝毫感觉不到身处岩石内部。有位钢琴家弹着琴，在岩壁的回音作用下，教堂音响效果非常好，常会有音乐会选择在这里举行。

回到中央火车站附近，先找到 7 号从塔林回来要住的酒店，然后便返回休息。

赫尔辛基教堂巡礼
东正教建筑精华

第二天，我 7 点离开酒店。此时的街道很安静，偶尔驶过一辆有轨电车。我先拍了酒店隔壁和对面的漂亮建筑，再到白教堂拍照。

清晨的赫尔辛基大教堂沐浴在阳光中，更显出其结构精美，气宇非凡，无愧是芬兰建筑艺术上的精华。教堂前雕像那里有漂亮的花坛，拍照很好看。

之后下小坡来到码头拍乌斯佩斯基大教堂的水中倒影。乌斯佩斯基大教堂（Uspenskin katedraali）是一座东正教堂，尊崇"圣母安息"，由俄国建筑师设计，兴建于 1862—1868 年。

大教堂位于一个山坡上，背面有纪念俄国沙皇亚历山大二世的牌匾，他是兴建教堂时的芬兰统治者。乌斯佩斯基大教堂是芬兰东正教会赫尔辛基教区的主教座堂，号称是西欧最大的东正教堂。

下坡走 50 米就到了维京码头。恰逢周末度假，游人很多，排很长的队，等了很久才排到我，我便乘船从赫尔辛基（Helsinki）前往爱沙尼亚的塔林（Ta´linn）。

我站在船尾，看着渐渐远去的赫尔辛基，拍下芬兰湾北岸边三座大楼景色：左边浅蓝色的建筑是建于 1914 年的赫尔辛基市政厅，右边浅白色的建筑是建于 1814 年的现芬兰总统府，中间较深颜色的是最高法院大楼。大教堂是那么醒目，岸边的建筑是那么壮观。

周末很多芬兰人全家人带着宠物乘船到塔林度假购物，船比较拥挤，很多人没座位，都坐在地毯上。我上船早，找个靠窗的好位置。沿途看着好风景，2 个多小时就到了。

黄昏下的海港。

塔林 Tallinn

喜出望外的美丽城市

　　塔林是爱沙尼亚共和国的首都，旧称"科累万"，后称"烈韦里"。塔林的起源可以追溯到 13 世纪条顿骑士团的一个十字军骑士发现这个城堡的那一刻开始，而后这里便发展成为了汉斯同盟的主要中心。

　　到达塔林港，就看见空中有个大气球，上面写着英文 Tallinn。

　　出港口，走了 10 分钟就到了塔林 16 欧旅店。把东西放到旅店之后去马路对面的大超市买了很多吃的，很便宜，放回旅店之后才出门。沿着大街走一段路，来到塔林老城里一座著名的教堂——圣玛丽达教堂。它是爱沙尼亚主要的路德教教堂，初建于 1233 年之前，因为不断地翻修和重建，教堂展现了混合式的建筑风格。

　　它的价值在于，教堂的主体建筑来自 14 世纪，而它的巴洛克式塔顶却是 18 世纪 70 年代末添加的。教堂内部装饰简洁而朴素，许多人坐在里面。出来后，我过马路，去老城上城。

　　塔林的老城分为上城和下城，旧时上城为贵族居住，下城则为手工业者等

绚丽多彩的教堂。

贫民居住。下塔林的城市建筑为狭窄蜿蜒的街道、教堂和修道院，还有几座早期的中世纪建筑，例如14世纪的市政大厅和许多私人房屋，其最初的建筑材料如无遮蔽的横梁仍然保存完好。

走不多久，就看到一座矗立在托姆比亚山顶上的宏伟洋葱圆顶型建筑。这是爱沙尼亚主要的东正教大教堂，也是塔林迄今为止最宏伟、最华丽的东正教教堂。它建于1900年，当时爱沙尼亚是沙皇俄国的一部分，而建造该教堂的最初目的是在逐渐难以控制的波罗的海地区树立一个帝国统治地位的象征。

走不多远有一处绝佳的观景台——Kohtuotsa观景台。从这里，可以把塔林老城的下城尽收眼底，还可以看见塔林新城区的部分和远处的波罗的海以及名叫圣欧拉夫教堂的尖塔教堂。

从观景台下来，从上城到下城要经过一条蜿蜒悠长的石板路，路的尽头就是著名的奥列维斯特大教堂。

塔林最引以自豪的是展现给人们的绚丽多彩的公共建筑，特别是那些教堂，以及那些商店的室内结构。塔林的大教堂尽管经过了不断的改建，还是保留了其哥特式风格。尽管这些建筑遭受了火与战争的劫掠，却仍保持了它们卓越的风采。

市政厅广场
触摸中世纪塔林的灵魂

我的交通 （8月6日—8月7日）

🚢 赫尔辛基（Helsinki）（10:00）乘船到塔林（Tallinn）（12:25）

🚢 塔林（Tallinn）（14:25）乘船到赫尔辛基（Helsinki）（17:05）

傍晚6点左右，我到了老城中心的市政厅广场，这里非常热闹。自11世纪以来，市政厅广场曾经作为市场、商品展示场所以及庆典集会场所，市民游行、骑士比武、射箭比赛都在这里举行。塔林市政

厅是目前北欧地区唯一的哥特式建筑物，大约建于1371—1404年，是塔林的标志之一。

市政厅广场面积很大，偏菱形，是中世纪塔林的灵魂。这里的街道交错，商店林立。行走在老城内如同行走在中世纪的童话里。塔林老城的中心广场特色小店非常多，周边的餐厅都坐满了游客。在塔林老城内随便逛逛都会有很多收获。

爱沙尼亚塔林，是这次旅行中最让我惊讶的地方。起先对这个国家了解只限于文字和一些图片，真正来到，才觉得这是一个绝对不容错过的地方，很后悔设计行程时间留得太少。返回旅店经过超市又买了很多好吃的带去芬兰和俄罗斯。

我的住宿（8月6日-8月7日）

a 住在塔林的 16 € Hostel（No. 700585398）

地　址：Roseni 9Kesklinn，Tallinn，10111，爱沙尼亚

电话：+3725013046

再登观景台
领略塔林不同的美

第二天，我从最著名的 Viru 城门进入。这里有一条石板路通往老城的中心广场。Viru 城门入口处的两个塔是塔林现存 26 个防御塔中的两个。这个城门建于 14 世纪，很有中世纪时期的建筑风格。老城的下城街道都很狭窄，处处都透出中世纪的味道。

中途路过圣欧拉夫教堂，这座教堂有着 124 米高的尖塔。1549 至 1625 年，这个 13 世纪的教堂是世界上最高的建筑之一。它的巨大尖顶对于附近船只来说是极好的路标，同时也是非常有效的避雷针。在整个教堂的历史上，它曾多次被闪电击中并

8月6日

07:00-10:00	10:00-12:25	12:25-20:00
赫尔辛基大教堂—乌斯佩斯基大教堂（Uspenskin katedraali）—维京码头	赫尔辛基（Helsinki）—塔林（Tallinn）	圣玛丽达教堂—老城上城—东正教大教堂—Kohtuotsa 观景台—奥列维斯特大教堂—市政厅广场—旅店

3 次被完全烧毁。在教堂门口，即使躺到地上，也拍不全整个教堂，真高啊！

顺着窄街，又去了趟 Kohtuotsa 观景台和东正教大教堂拍照，上午和下午的拍照呈现出不一样的效果，我也领略了塔林不同的美。

接着，我去码头乘船回赫尔辛基。

邮轮驶离港口后，我在海上遥望塔林，顿时感到有点忧伤，才开始了解并喜欢上的城市就要匆匆离去，但塔林给我留下了最完美的回忆。

观景台下的全景塔林。

8月7日

07:00-14:25

Viru 城门—圣欧拉夫教堂—Kohtuotsa 观景台—东正教大教堂—市政厅广场—码头

14:25-17:05

塔林（Tallinn）—赫尔辛基（Helsinki）

17:05-18:30

海港码头—爱斯普拉纳地公园（Esplanadi Park）—购物中心

重返赫尔辛基 Helsinki

再次感受这座城市的美好

从塔林乘船又一次来到赫尔辛基码头，感觉特别亲切。轻车熟路，出了码头，沿着靠近海港码头的爱斯普拉纳地公园（Esplanadi Park）走到另一头的购物中心。说是公园，其实只是一条大道。因为两旁绿荫浓密，成为赫尔新基最受欢迎的散步大道。因为回到芬兰已经时间不早，到了酒店我也早早休息了。

第二天，我乘坐 24 路公交车，在终点站下车，到达伴侣岛（Seurasaari）。走过长长的木桥，只见星罗棋布的岛屿湖泊，一望无边的万顷森林树木葱郁，绿草如茵，美丽的鸽子在人群周围走来走去，机灵的小松鼠毫无戒心地在游人中蹦来蹦去。

岛上散落着一座座从芬兰全国各地迁来的古老木屋、农舍、桑拿浴场、旧庄园和木制教堂，还有旧风车、旧木船和旧农具供游人参观。这里既是一个露天芬兰民居博物馆，又是一个赫尔辛基市民喜爱的休闲胜地。

西贝柳斯公园
纪念芬兰国宝音乐家

我的交通 【8月8日】

a. 24 路公交车到伴侣岛，3 欧元

b. 火车站乘 451 路公交车到机场，5 欧元

c. 赫尔辛基（Helsinki）（18:40）乘飞机到莫斯科（Moscow）（21:20），SU2201，212 美元

接着搭车来到西贝柳斯公园（Sibelius Park），这是为了纪念芬兰的大音乐家西贝柳斯而建。公园里有座纪念碑，是芬兰著名女雕塑家希尔图宁花费六年时间创作的，在 1967 年西贝柳斯逝世十周年之际完成，它的小型复制品被联合国大厦永久展出。

西贝柳斯是芬兰的民族乐派作曲家，被誉为"二十世纪的贝多芬"，是芬兰的国宝。纪念碑由 600 余根银白色不锈钢管组成，高低错落，酷似一架巨型管风琴，又如同茂密的森林，象征森林给予西贝柳斯无穷的创作灵感，是西贝柳斯音乐的重要主题之一。旁边还有西贝柳斯头像。每年 6 月，赫尔辛基都要举办"西贝柳斯节"，以这座公园为中心，举办 7—10 天的各种音乐会，吸引了许多古典乐迷前往。

创意独特的西贝柳斯公园。

芬兰作家阿列克西斯·基维的青铜坐像。

中央火车站
是交通枢纽，也是艺术殿堂

出西贝柳斯公园，走了不到 10 分钟，来到位于曼纳海姆大街东边的中央火车站。这里是芬兰的铁路中枢，同时也是赫尔辛基地铁和公交的重要一站。每天在这里上下车的乘客有差不多 20 万人，使得中央火车站成了芬兰最繁忙的地点。

火车站大门有两重，设计得很有意思，里面一重门上是正方形的窗格，外面一重是圆形的。火车站正门很有气势，门的两边分别有两尊巨大的站立人像，每个人像手里都捧着一个大灯球，球上有仿佛经纬网的线条，所以也可以说是捧着地球。

8月8日

07:00-18:40

伴侣岛（Seurasaari）—西贝柳斯公园（Sibelius Park）—中央火车站—万塔机场

18:40-21:20

赫尔辛基（Helsinki）—莫斯科（Moscow）

每个到过赫尔辛基中央火车站的人都会牢牢记住这四个巨型雕像和他们手里的地球。正门有一个绿色波浪形的拱顶，很符合波罗的海的浪漫之风。火车站东墙有一座同样绿顶、高大巍峨的钟楼，整个建筑绝对是一件杰出的艺术品。

火车站广场在火车站的东侧，广场南边是芬兰著名的雅典娜艺术博物馆，北侧是芬兰国家歌剧院。这座歌剧院建于 19 世纪 70 年代，也算很古老了，门前还有一座芬兰最杰出的浪漫主义剧作家和小说家阿列克西斯·基维的青铜坐像。作家的手搭在腿上，目光凝视着斜下方的地面，陷入沉思。

因为时间很充裕，我把整个火车站都仔细参观个遍。或许短暂的行程不能完全了解芬兰这个城市的洁净现代和古朴的浪漫风情，但只要你来到这里，就会爱上这片土地，留下美好记忆。

从火车站前门广场左边乘 451 路公交车，半小时左右即可到达赫尔辛基万塔机场。到达机场，在自助机器扫描订单条码，取登机牌。赫尔辛基万塔机场是我这次行程中最后一个申根国家，需要在此办理购物退税和出境。

离开芬兰
告别圣诞老人的故乡

在芬兰还有一个关于圣诞老人的故事。圣诞老人源于欧洲的民间传说，通常父母们会对他们的子女解释他们在圣诞节收到的礼物是圣诞老人送的。每年圣诞节，圣诞老人骑在驯鹿上，圣童手持圣诞树降临人间。

圣诞节前夕，孩子们会准备好空的容器，以便圣诞老人可以装进一些小礼物，如玩具、糖果或水

我的住宿 〔8月8日〕

3. 住在赫尔辛基的 Omena Hotel Helsinki Yrjönkatu（No. 566947275）

地　址：Yrjönkatu 30，Eteläinen Suurpiiri，Helsinki，00110，芬兰

电话：+358207716555

果等奖品。圣诞老人已经成为圣诞节最受喜爱的象征和传统，快乐老精灵的形象已深深地留在人们的记忆中。

不同的国家有不同的版本，随着世事变迁，其人物形象已经趋同。作家和艺术家把圣诞老人描述成我们今日熟悉的身着红装，留着白胡子的形象。

1927 年，芬兰的儿童故事大王玛尔库斯在电台讲故事时说，圣诞老人和两万头驯鹿就一起住在芬兰和苏联分界的拉普兰省"耳朵山"上，正是因为有"耳朵"，圣诞老人才能在北极听到世界上所有孩子的心声。

他的这种颇有感染力的浪漫推理获得了世人认可，从此，故事中的"耳朵山"就成了圣诞老人的故乡。圣诞老人村就在北极圈内芬兰拉普兰地区的罗瓦涅米。从赫尔辛基可以直接坐火车去罗瓦涅米。

赫尔辛基的夜晚静谧安详。

R俄罗斯
RUSSIA

让 人 难 忘 的 最 后 一 站

在这片古老的东欧大陆上，天空钧
蓝、雪的白、建筑的红蓝黄构成了最绚丽缤纷的色彩。
贝加尔湖美丽碧蓝的湖水就像俄罗斯的明眸，芭蕾舞的优雅就是
对俄罗斯气质的最好诠释。风格各异的教堂，红色年代的怀旧记忆，独具
特色的风味美食，底蕴深厚的历史文化……俄罗斯有着数不尽的美好，等着
你来开采，发掘。

莫斯科 Moscow

怀旧成为主旋律

　　因为俄罗斯签证是三天的，所以我在9日0点才能入关。我6点出机场大厅，往左走，乘851巴士到终点站河运码头下车，之后到地铁大厅售票窗口用卢布买地铁票。

　　上午8点左右，我到达位于市中心的事先预定好的酒店，冲个澡放松一下就出门了。

漫游莫斯科大学
领略伟大的斯大林时期建筑

　　我走到红场站乘1号红线地铁去莫斯科大学。离莫大最近的地铁站有两个：麻雀山站（Vorobievi Gori）和大学站（Universitet），我在地铁大学站下，走约800米，就看到被称为"莫斯科七姐妹"之一的宏伟建筑——莫斯科大学，这是典型的斯大林时期建筑，在莫斯科共有7座。

a 赫尔辛基 (Helsinki) (18:40)
乘飞机到莫斯科 (Moscow)
(21:20), SU2201, 212美元

b 机场乘581巴士到终点站河运
码头，往返50卢布

c 红场站乘1号红线地铁到大学
站，5次连票135卢布

d 麻雀山地铁站乘红线再转乘3
号蓝线地铁到胜利广场站

"七姐妹"之首的莫斯科大学。

1945年，这座经历了四年战争的城市，没有被战争从地球上抹掉，依然屹立于此。高大的厂房、宽阔的街道、绿树成荫、挂满勋章的军人……彼时的斯大林总觉得在莫斯科这个世界无产阶级的首都里，"红色"建筑少得可怜：瓦西里大教堂、红场是伊凡雷帝时期建造，克里姆林宫、古姆商场都是沙俄时代的建筑。斯大林认为莫斯科缺少的东西就是——摩天大楼。

1947年，斯大林提议在莫斯科建设一大批摩天大楼。但是经过了高层讨论研究后，大家普遍认为莫斯科不适合建设摩天大楼，除城市规划因素外，摩天大楼是帝国主义的象征，可大家不会让领袖难堪，于是，社会主义的摩天大楼进入了设计研究阶段。

从1948年起，莫斯科开始怀上了这七胞胎：莫斯科大学、列宁格勒饭店、劳动模范公寓、重工业部大楼、乌克兰饭店、文化人公寓、外交部大

我的住宿 8月8日-8月11日

住在莫斯科的 Apelsin na Petrovke（No. 187246750）

地址：Petrovka Street 17/5, Tverskoy，Moscow，107031，俄罗斯

电话：+79251083333

楼，这便是后来世人口中的"莫斯科七姐妹"了。

"七姐妹"之首的莫斯科大学位于莫斯科河南岸，大学建于 1755 年 1 月 12 日，英雄般的建筑、史诗般的结构、无与伦比的辉煌，这些赞美都属于莫斯科大学的主楼。这位"七姐妹"里的"老大姐"，坐在莫斯科地势最高的麻雀山上，由苏维埃宫的设计者约凡设计。它是俄罗斯最古老、历史最悠久的一所大学，也是现在世界上公认的名校之一。至今已有 11 名诺贝尔奖学金获得者，有 167 人为俄罗斯科学院院士。

从斯大林式建筑七姐妹的外观上来讲，莫斯科大学主楼是最为壮观的。当年的工程耗资约 2 亿美金。主楼的石材全部是产自阿尔卑斯山区，主楼前后各是一个大公园，树木茂盛，景观众多，环境优美。特别是莫斯科河畔的观景台，由于地势高，视野开阔，成为了一览莫斯科城市天际线的好地方。

我在莫斯科大学校园里拍了很多照片。沿着道路两边茂密的白桦林漫步，总会让人情不自禁地想起那首著名的歌曲《莫斯科郊外的晚上》。穿过大学绿荫道，来到莫大旁的麻雀山顶部，这是一个欣赏莫斯科风景的高地，有个很大的观景平台，每天都会吸引很多游客前来参观，美丽的风光也吸引了很多情侣来这里拍摄婚纱照。

8月8日	8月9日		
18:40-21:20	08:00-12:30	12:30-13:00	13:00-20:00
赫尔辛基（Helsinki）—莫斯科（Moscow）	酒店—莫斯科大学—麻雀山—胜利广场—"胜利女神"纪念碑—圣格奥尔基大教堂—中央博物馆	午餐	沿地铁线参观地铁站

周围环境很美，莫斯科河与整个莫斯科市区风貌皆可在观景台上尽收眼底，克里姆林宫、新圣母修道院等建筑在俯瞰之下也愈发显得美轮美奂。

胜利广场
俄罗斯人民对卫国战争的纪念

顺着麻雀山往下走，绵长的公园步道穿过水榭楼阁通向麻雀山地铁站。

从麻雀山地铁站乘红线再转乘3号蓝线地铁到胜利广场站。建于1995年5月的胜利广场中最引人注目的是"胜利女神"纪念碑，碑高141.8米，象征着1418天的俄罗斯卫国战争。纪念碑高耸如云，蔚为壮观。这座建筑是为了纪念世界反法西斯战争胜利50周年而修建的，时刻提醒人们不要忘记战争带给人类的伤痛。

广场中，在走向纪念碑的中间大道上，是五座红色砂岩的石台，台面上只有简简单单地标示着年份数字。广场右侧是一组大型喷泉，左侧是圣格奥尔基大教堂，金顶白墙，纪念碑的后面是一个扇形环抱的中央博物馆，有各种火炮、坦克、飞机等实物，另一侧还有舰艇的展示，军事强国初露端倪。

整个胜利广场绿树环抱，风景优雅。艺术家创作了很多与战争相关的雕塑作品，技艺精湛，人物栩栩如生，引来很多游客拍照纪念。每天都有很多人来参观游览。

逛累了，回到胜利广场地铁站乘车（地铁卡刷一次），又参观了几个非常美丽的地铁站，到晚上8点多回到酒店沐浴休息。

莫斯科地铁是世界上规模最大的地铁之一。近 200 个地铁站中，绝找不出两个相同的，每个地铁站都拥有自己独特的建筑风格。每个地铁站内均铺以大理石的墙面和地面，而工艺精湛的塑像、浮雕、大型吊灯与彩画玻璃，以及马赛克镶嵌画则更是令地下交通枢纽成为一座又一座艺术陈列馆。

莫斯科地铁庞大而且快捷，是出行最好的选择。俄罗斯地铁的标识，是很清晰、合理和周到的，对稍微有点英语、俄语基础的人，应该不困难。中国游客感到困难，主要原因是看不懂外文字母，其次是不了解俄罗斯地铁标识的规律。需要注意以下几点：

1. 要搞清楚你要坐的是几线？是什么颜色？你目的地是哪一站，中间怎么转车？特别需要了解的是：转车时，同一个站，不同地铁线的站名是不同的。什么颜色的地铁线，要看什么颜色标注的站名。因为在地下换一条线，在地面上可能已经穿越了好几个街区了。

从同一站不同线的出口出站，会相隔较远。最好出门前，研究好地铁图，用笔标记：M 几线，颜色，坐几站，到达站名，转几号，什么颜色。每次记住站名的头三个字母，便于从指示牌上寻找辨认。

2. 地铁通道对着你的指示牌正面显示的，都是你去向的地点，抓主要信息：首先看线：M 几？颜色对不？顺着指示走，找对要乘的线的站名。然后找你要去的车站是在左边还是在右边，找对方向。不要着急上车（车很多，马上就来的），可以等车开走，在铁轨边的墙上再复核一次：墙上有箭头指示前进方向，第一站是你当前所在的站，箭头指向，是前行站名。如果是换乘站，站名下面会依次用不同颜色的文字列出可换乘几线，什么站名。凭颜色，就容易找到。

3. 出站找出口（ВЫХОД）指示。要注意其下面的文字，它是指示出口方向通往哪个街区或重要公共场所（火车站、飞机场）的。特别在分岔处，往左是哪？往右是哪？这要求你记住自己要去地方的前几个字母。找到前几个字母后，再跟地图上写的全名，核对一下。

一个窍门是：在你出发刚进地铁通道时，就看一下指示牌的反面，记住你进来这个出口通往的第一个地点的名称前几个字母。也可以用 ipad 或手机拍下地铁入口，这样就不会在回来时，走错出口而在地面上绕大圈子，多走很多冤枉路。

4. 换线时看指示牌显示：第一行：是进城的地铁出口（右拐或左拐）。第二行：换乘车的颜色几号线，右拐或左拐。这站有几个颜色车经过，就会显示几行提示。顺着箭头走，找对站台。

红 场 Red Square

克里姆林宫的惊艳

第二天，为了避开长长的排队买票，我 7 点就出门，步行十几分钟，经过国家大剧院，到红场围墙外面的亚历山大花园里的无名烈士纪念碑，再到亚历山大花园的北口内售票处，等候买票参观克里姆林宫。

红场国际知名度远远大于天安门广场，可是却没有想象中那么大，面积 9.1 万平方米，大约只有天安门广场的 1/5。地面很独特，全部由条石铺成，显得古老而神圣。红场是莫斯科历史的见证，也是莫斯科人的骄傲。

在俄语中，"红色的"含有"美丽"之意，"红场"的意思就是"美丽的广场"。红场的大规模扩建是在 1812 年以后。那时，拿破仑的军队纵火焚烧了莫斯科，莫斯科人民重建家园时，拓宽了红场。到 20 世纪 20 年代，红场又与邻近的瓦西列夫斯基广场合二为一，形成了现在的规模。

克里姆林宫作为红场最主要建筑，是俄罗斯民族最负盛名的历史丰碑，也是全世界建筑中最美丽的作品之一，同时也是俄罗斯总统府所在地。克里姆林宫南面俯瞰莫斯科河，东临圣华西里大教堂与红场，西接亚历山大花园与无名烈士

莫斯科的地标——瓦西里大教堂。

墓,四周由宫墙围四座宫殿、四座大教堂、十九座塔楼而成,是俄罗斯克里姆林式建筑的代表之作。

克里姆林宫
气势宏大,让人震撼

8点开始买票,我买了一张通票和武器库票。穿过亚历山大花园沿斜坡拾级而上,经过鲍罗维茨基塔楼进入克里姆林宫院内,就来到了闻名世界的博物馆——克里姆林宫兵器馆大楼前。这时游人已经很多,赶紧到武器库排队,9点开始安检入内参观。

这里收藏着大量的金银器皿、珠宝首饰、圣像制品、昂贵的裘皮大衣、作战和阅兵用的武器装备

我的交通 (8月10日-8月11日)

a. 莫斯科(Moscow)(22:40)乘飞机前往北京(beijing)(09:50),SU204,517美元

8月10日

07:00-12:00	12:00-12:30	12:30-20:30
酒店—克里姆林宫(亚历山大花园—鲍罗维茨基塔楼—克里姆林宫兵器馆—亚历山大罗夫斯基花园—钟王炮王—克里姆林宫广场)	午餐	远观普京办公楼—红场(俄罗斯国家历史博物馆—列宁墓—瓦西里大教堂)—莫斯科历史博物馆—国家大剧院—酒店

等。许多外国使节向莫斯科敬献的珍贵礼品，包括贵重面料、金银珠宝、马具兵器等也收藏在这里。

这里最主要的收藏品还包括克里姆林宫内的诸多作坊，如制作国家象征物、贵重器皿、金银首饰等的金银制品作坊，缝制皇室人员服装服饰的服装作坊，制作华丽马具的皇家马厩等，非常值得去看。可惜监控很严，不能拍照。

再用通票进入克里姆林宫亚历山大罗夫斯基花园。花园很漂亮，旁边是普京直升机停机坪。

在这里，我看到一尊炮王，据说是沙皇时期为保卫克里姆林宫而建造的，它铸于 1586 年，重 40 吨，口径 0.89 米，炮口可以同时爬进两三个人。炮前堆放着四枚炮弹，每个重两吨。古炮的炮架上有精美的浮雕，其中还有沙皇费尔多的像。

除了炮王，这里还有钟王，钟体四周都铸有纹饰和铭文，据说能够传声 50 千米，但第一次敲击时就出现了裂纹，1737 年又遭遇大火被埋于地下，直至 1836 年才被挖出来，重置于伊凡大帝的钟楼前。

站在克里姆林宫广场的中央，完全被周边白墙和金顶环绕。在教堂广场的四周分布着十二使徒教堂、天使报喜教堂、圣母升天教堂、圣弥额尔教堂和伊凡大帝钟楼。四座教堂中收藏了很多文物珍宝。

圣母升天教堂一直是俄皇举行加冕大礼的地方，其中的圣画像出自希腊画家的手笔，价值连城。圣弥额尔教堂内有历代沙皇的灵柩，装饰得极为富丽堂皇。

TIPS 穷游小贴士

a. 进克里姆林宫需安检。严禁携带大包入内，入口附近有存包处。4—10月的每个周六正午，总统警卫团都会在大教堂广场进行精彩的骑、步兵分列式表演，记得提前找一个视线好的位置。分列式表演当天钟楼不开放。钟楼、武器库、钻石馆的门票有时会很抢手，建议尽早购买。

b. 身穿短裤或衣冠不整，不得进入克里姆林宫。政府办公大楼、国会办公大楼谢绝游览。

c. 克里姆林宫通票（门票＋教堂＋临时展览）：成人 350 卢布，学生 150 卢布。武器库（售票处在亚历山大花园内）：成人 700 卢布，学生 200 卢布。钻石馆（售票处在馆内）：成人 500 卢布，学生 100 卢布。

d. 全俄罗斯的小偷，高手云集莫斯科和圣彼得堡。你的护照和钱包不要放在一起，一定要分开放。

e. 在红场逛累了，可以去红场边上的古姆商场走走，上二楼，有椅子可供休息。

8 月 11 日

08:00-12:00

酒店—红场—莫斯科列梅捷沃机场

22:40-09:50

莫斯科（Moscow）—北京（Beijing）

天使报喜教堂造型美观，顶端的 9 个金色的"洋葱头"在骄阳下尽显辉煌，那里是当年皇族子孙接受洗礼与结婚的地方。十二使徒教堂则是彼得大帝以前莫斯科公国历代帝王的墓地。

每逢周六中午 12 点，克里姆林宫里的大教堂广场上会举行阅兵式，步兵骑兵都有，还有军乐队，会变换各种队形，还会朝天放枪，非常精彩！

我感到整个克里姆林宫蕴含着俄罗斯深厚的文化和历史，也是世界闻名的"第八奇景"，是旅行者必去的地方。

红场周边
压轴景点，无与伦比

看完克里姆林宫，走出石桥，来到红场北面。经过 19 世纪时用红砖建成的绛红色的俄罗斯国家历史博物馆，列宁墓安放在克里姆林宫围墙的中段，外面镶嵌着贵重的大理石、深红色的花岗岩和黑灰色的拉长石，显得非常的凝重、肃穆。列宁墓一半在地上，一半在地下，墓上为检阅台，两旁为观礼台，但现在已不太使用。

列宁墓与克里姆林宫的红墙之间，还有 12 块墓碑，包括斯大林、勃烈日涅

夫、捷尔任斯基等苏联领导人的墓碑。斯大林的雕像在这里依然完好地保存着，但在俄罗斯的其他地方已经是不多见了。

不远处是漂亮的钟楼，红场高高耸立的瓦西里大教堂的"洋葱头"五颜六色，夺人眼球，立体的、凹凸的、旋转的造型更使人眩目迷幻，教堂前是民族英雄米宁和波扎尔斯基的雕像，右边就是克里姆林宫。

走出红场双塔门，大街旁立着"二战"英雄朱可夫骑马的雕像，雕像背后是莫斯科历史博物馆。穿过花园的大喷水池，池中石雕的马形态各异，很多游人在此拍照。经过马克思的雕塑，不一会儿就到了酒店，沐浴休息。

趟在床上，看着窗外满天五彩晚霞，按耐不住兴奋的心情，又奔去红场拍瓦西里大教堂及广场周边，拍照效果非常好，晚上8点半，才心满意足回酒店休息。

我住的旅店去红场实在太方便了，第二天早上，吃完早餐，又备好中餐，我又去了趟红场拍照。再到莫斯科最著名的大超市把剩余的卢布全买了巧克力，准备回来好送亲朋好友共享。之后，按来时路线去列梅捷沃机场。

坐在返回北京的飞机上，我轻轻地闭上眼睛，眼前不是一片黑暗，而是五光十色的美丽风景，是趣味不同的各国风情，是弘大雄伟的各类建筑……这些风景让我留恋，这些风情让我回味，这些建筑让我折服……这一趟欧洲之旅，足以回味余生之年。

后 记

对我而言，欧洲行程最大的收获是凭借自己的能力和努力，游览了如此多的欧洲国家。记忆中不管是繁华的城市、壮观的山川、美丽的名胜，还是独特的建筑，都散发着欧洲独具的浪漫魅力。

当我行走欧洲街头时，身边来来往往着言谈举止都温文尔雅的欧洲人，他们的一切都很有感染力，从他们身上看到了对环境的保护，对自然的崇拜，对生活的热爱。我这个已经迈入黄昏之年的老人，也深深地被他们的生活观所感染。

或许很多人会掉入一个误区，就是认为去欧洲旅行只要英文好，就什么都能解决。其实不然，除了要有少许英文能力之外，会熟练地运用互联网也是关键所在。自由行同跟团旅行的区别在于一切都要靠自己预订，机票、地铁票、景点门票、房间等等都没有人帮你。所以会在各大旅行网站预订这些是出行前的必要基础。

另外一点重要的技能便是要有地理知识，看地图的时候能利用地理知识设计出科学合理的线路，这样能为你的行程节省很多时间，也可以避免很多麻烦。

这次欧洲之行，本来只是我实现梦想，拓展退休生活的一次旅行。不管是在希腊巧遇李克强总理，还是后来的媒体报道，都是一种偶然和巧合。通过媒体这个媒介，我这个退休老太太被更多的人认识，退休老太太的勇敢出行事迹被更多的人知道。直接的影响就是鼓舞了一些想出去又不敢迈出步伐的老年同伴们。

之后的见面会活动，有很多人亲耳听我讲述了旅行的过程。我希望能有更多的同伴像我这样，有自信来一场自由旅行，有能力走进梦想一游的异国他乡。丢掉旅游报刊，拿起机票；丢掉锅碗瓢勺，提起行李箱——去吧，去看看家门外的精彩世界。

这本书是在出版社的协助下完成的，在这里感谢为本书付出努力的全体人员。整理写作资料的时候，仿佛重新在回忆里游玩了一次欧洲。从计划到准备，从准备到出发，从出发到游玩，从游玩到平安回国，一切都历历在目，如电影画面般闪过眼前。

整理本书的过程既繁琐又复杂，可是想到这些经历能够帮助其他的老年人，尤其在听说一些伙伴讨教之后已经勇敢地出行的时候，便觉得所有的努力都是值得的。谨以此书，献给迟暮之年，想要远行，却不够勇敢的伙伴们。愿它能成为你们梦想的导航。

附 录

中国驻欧洲部分国家大使馆

序号	名称	联系电话	当地常用报警电话
1	驻俄罗斯大使馆	8499-7830867	102
2	驻葡萄牙大使馆	00351-21-3928430	112
3	驻希腊大使馆	0030-6973730680	100
4	驻冰岛大使馆	5526751	112
5	驻丹麦大使馆	39460877	112
6	驻捷克大使馆	233028898	158
7	驻瑞典大使馆	57936429	112、11414
8	驻爱沙尼亚大使馆	6015830	112
9	驻波兰大使馆	8313836	997、112
10	驻德国大使馆	030-27588-0	110
11	驻芬兰大使馆	922890129	112
12	驻挪威大使馆	22148908	112
13	驻瑞士使馆	0041-31-3514593	117
14	驻西班牙大使馆	0034-91-5194242	091

欧洲部分国家驻华大使馆

序号	名称	联系地址	联系电话
1	俄罗斯驻华大使馆	东直门北中街 4 号	010-65322051
2	葡萄牙驻华大使馆	三里屯东五街 8 号	010-65323497
3	希腊驻华大使馆	光华路 9 号世贸天阶天阶大厦 17 层	010-65872838
4	冰岛驻华大使馆	东三环北路 8 号亮马河大厦 1 座办公楼 802	010-65907795
5	丹麦驻华大使馆	三里屯东五街 1 号	010-85329937
6	捷克驻华大使馆	建国门外日坛路 2 号	010-85329500
7	瑞典驻华大使馆	东直门外大街 3 号	010-65329790
8	爱沙尼亚驻华大使馆	亮马桥路 50 号北京燕莎中心 6 层 C617、C618	010-64637913
9	波兰驻华大使馆	建国门外日坛路 1 号	010-65321235
10	德国驻华大使馆	东直门外大街 17 号	010-85329000
11	芬兰驻华大使馆	光华路 1 号北京嘉里中心南塔楼 26 层	010-85198300
12	挪威驻华大使馆	三里屯东一街 1 号	010-85319600
13	瑞士驻华大使馆	三里屯东五街 3 号	010-85328755
14	西班牙驻华大使馆	三里屯路 9 号	010-65323629

图书在版编目（CIP）数据

欧洲，穷游也行 / 薛平编著 . — 北京：中国铁道出
版社，2015.7（2015.11重印）
ISBN 978-7-113-20066-4

Ⅰ . ①欧… Ⅱ . ①薛… Ⅲ . ①旅游指南—欧洲 . Ⅳ .
① K950.9

中国版本图书馆 CIP 数据核字（2015）第 045529 号

书　　名：欧洲，穷游也行
作　　者：薛平　编著

策划编辑：聂浩智
责任编辑：王　宏
编辑助理：杨　旭
版式设计：周国宝　左小文
责任印制：郭向伟

出版发行：中国铁道出版社（北京市西城区右安门西街 8 号 邮编：100054）
印　　刷：中煤涿州制图印刷厂北京分厂
版　　次：2015 年 7 月第 1 版　2015 年 11 月第 2 次印刷
开　　本：660mm×980mm　1/16　印张：16　插页：1　字数：300 千字
书　　号：ISBN 978-7-113-20066-4
定　　价：48.00 元